·人文社会科学经典文库·

大理石上的纹路

来自语言学的证据

DALISHI SHANG DE WENLU

LAIZI YUYANXUE DE ZHENGJU

王姝／著

东北师范大学出版社

·长 春·

图书在版编目（CIP）数据

大理石上的纹路：来自语言学的证据 / 王姝著. —
长春：东北师范大学出版社，2024. 4
ISBN 978-7-5771-1323-4

Ⅰ. ①大… Ⅱ. ①王… Ⅲ. ①汉语－儿童语言－研究
Ⅳ. ①H193.1

中国国家版本馆 CIP 数据核字（2024）第 082473 号

□责任编辑：张晓营　□封面设计：张　然
□责任校对：陈国良　□责任印制：侯建军

东北师范大学出版社出版发行
长春净月经济开发区金宝街 118 号（邮政编码：130117）
电话：0431—84568147
网址：http：//www.nenup.com
东北师范大学音像出版社制版
吉林市海阔工贸有限公司印装
吉林市恒山西路花园小区 6 号楼（邮政编码：132013）
2024 年 4 月第 1 版　2024 年 4 月第 1 版第 1 次印刷
幅面尺寸：140 mm×210 mm　印张：3.25　字数：67 千

定价：26.00 元

诚然我们不能想象，在心灵中，像读一本打开的书一样读到理性的永恒法则，就像在揭示牌上读到裁判官的法令那样毫无困难，毫不用探求，但是只要凭感觉所供给的机缘，集中注意力，就足可以在我们心中发现这些法则……我也曾经用一块有纹路的大理石来做比喻，而不把心灵比作一块完全一色的大理石或空白的板，即哲学家们所谓的 Tabula rasa。因为如果心灵像那种空白板一样，那么真理之在我们心中，情形也就像赫尔库勒的像刻在一块大理石上一样，这块大理石本来是刻上这个像或别的像都完全可以的。但是如果在这块石头上本来就有些纹路，且表明刻赫尔库勒的像比刻别的像更好，那么这块石头就会更加被确定用来刻这个像，而赫尔库勒的像就可以说是以某种方式天赋在这块石头上了，虽然也必须加工使这些纹路显出来，加以琢磨，使它清晰，把那些阻碍这个像显现的纹路去掉。同样情形，观念与真理是作为倾向、禀赋、习性或自然的潜在能力而天赋在我们心中，并不是作为现实作用而天赋在我们心中的，虽然这种潜在能力永远伴随着与它相适应的、常常感觉不到的现实作用。

—— 莱布尼茨《人类理智新论》

前　言

人类有无先天知识这一话题，从柏拉图算起，已经争论 24 个世纪了，从笛卡尔算起，也有 400 年了。在这漫长的岁月里，理性主义和经验主义各执一端；虽有强弱交替，但并无最终结论。经验主义者一直在近代科学中扮演着指导者的角色，科学的巨大成就使经验主义的领地不断扩大，甚至心理学研究都采用了实验的方法。直到 20 世纪 50 年代，当代语言学理论，特别是艾弗拉姆·诺姆·乔姆斯基（Avram Noam Chomsky）教授首倡的转换-生成语法（Transformational-generative grammar）的兴起，才使一直处于下风的理性主义认识论逐渐收复了一些领地。

转换-生成语法理论认为，婴儿的大脑并非一块白板，而是有遗传来的普遍语法（universal grammar，简称 UG）。这个普遍语法使后天的语言经验成为可能，从而使儿童的语法习得成为可能。

本书收集了来自多个领域的数据，并用这些数据支持普遍语法假说，从而论证理性主义认识论的合理性。这些数据来自四个领域：健全儿童语言习得研究、听障儿童手语习得研究、克里奥尔语研究、发育性语言障碍研究。

本书精细处理的数据主要包括：

习得的高效性（rapidity）——语法是一个极其复杂的规则系统，而一个不能独自处理生活琐事的儿童居然能在 5 岁的时候拿下这个系统。这个长期被忽略的奇迹既令人震惊，又耐人寻味，它需要一个哲学解释。

语法习得有关键期（critical period）——超过 13 岁才接触语言的孩子可以学会词汇，但永远无法习得语法——因为他们没有组合能力，所以说不成话。"语法习得关键期"的存在意味着语法知识有自己的依据和特性，不同于其他知识系统。"关键期"为语法自主习得提供了一个强有力的证据。

儿童语法习得的一致性——时间、顺序等，使得儿童在学习语法知识时，就连犯错误也都是一致的，习得质量不因环境、智力的差异而不同。这种高度一致性的根据不可能在外部，因为不同民族、不同国家，甚至同一国家，儿童所处的外部环境都是不同的，儿童自身（他们大脑中）一定有共同的东西指导着语法习得。

教育的无效性——显示出语法在主体内部成长的自主性，外部刺激并不是习得的动力，习得是自主的。

从皮钦语到克里奥尔语的发展——说明环境（刺激）真的没有经验主义者和行为主义者想象的那么重要。

听障儿童集体自创手语——则进一步说明，当环境输入接近于零时，语言依然能够发生，而且是世界从未有过的语言。

这些不好解释的现象都可以通过普遍语法假设进行可接受的解释。解释能力可以检验一个理论是否正确，牛顿力学因为有强大的解释力而被世人普遍接受，同样地，普遍语法假设的强大解释力令我们有理由相信，人脑中的确有先天知识的存在。

作 者

2023 年 10 月

目　　录

第 1 章　引　论

1.1　缘起

人有无先天知识？笔者发现近些年来哲学界在讨论这个争论已久的问题时，经常有人使用一些来自当代语言学的证据，特别是来自以乔姆斯基为代表的转换-生成语法的证据。然而由于这些学者并没有真正了解当代语言学，他们往往在错误理解的基础上使用当代语言学成果，这就造成这些成果走样儿、失真。这不但使这些成果的证据力完全丧失，而且造成人们对语言学的严重误解。下面引用的两个材料来自美国唐纳德·帕尔玛（Donald Palmer）教授的《西方哲学导论：中心保持不变吗?》（第 3 版）①：

（1）另外，乔姆斯基还使我们联想起孩子们所犯的各种语法错误。一个小男孩哭着跑去告诉他的母亲："Johnny hitted me!（约翰尼打了我!）"。显然，这句话是错误的，但却错得很有意思。从小男孩犯的这个错误可知，小男孩是知道英语里有动词过去式的，但并不知道只有规则动词的过去式才在动词原形后边加

① 原书名叫 *Does the Center Hold：An Introduction to Western Philosophy*，杨洋，曹洪洋，译，上海社会科学院出版社 2009 年出版。

"ed"，而"hit"是不规则动词。这不是他的错。那么他是从哪里学会说"hitted"的呢？乔姆斯基认为，他不是通过模仿父母学会的，也不是从其他小孩那里学会的，而是凭其天生的生成规则的能力学会的。乔姆斯基把这种能力称为"深层语法能力"，它产生于人脑的构造。"深层语法能力"是把我们带进我们所学的语言系统中的东西，而不是我们从语言系统中学到的东西。（第 106 页）

引文中"深层语法能力"与乔姆斯基所说的不符。乔姆斯基确实说过"深层"的东西，但那是指"深层结构"（deep structure）——一个句子的抽象结构。虽然乔姆斯基理论主要研究"能力"，但指的是"语言能力"（linguistic competence）——语言创新能力，即一个人能够理解和说出许多从未听过的句子的能力。乔姆斯基从未在任何场合有过"深层语法能力"这种提法。更离谱的是，下面引文中的"表层语法"和"底层语法"。

（2）尽管康德的观点确实是理性主义和经验主义的折中，但他的观点更倾向于前者，而非后者。因此，他的观点仍被笛卡尔遇到的一些问题所困扰。与笛卡尔的天赋观念学说一样，康德的理论也无法解释为什么某些文化对空间、时间、统一性、多样性、实体性、因果性等的理解与其他文化不同。为了能够解释这一现象，我们采用贝克莱的方法，他认为这些范畴与惯例（尤其与语言）联系得更为紧密，其紧密程度甚至超出了康德的预想。但是，如果我们肯定乔姆斯基的观点，认为这些范畴可能因为部分受到"表层语法"
的限制，所以在文化上相对有所不同，那么我们仍可
以为理性主义留一席之地。但反过来，"表层语法"又
受到"底层语法"的限制，而"底层语法"是从天赋
的神经性事实中产生的。（第 109 页）

"表层语法"和"底层语法"是帕尔玛生造的术语，并不是
乔姆斯基提出来的，而且我们无从了解这两个术语的真正含义。
作者似乎在说语言制约认知——语言相对论立场，可是乔姆斯
基从来都不是语言相对论者。在不理解或错误理解的基础上对
语言学成果加以使用的情况在国外比较普遍，乔姆斯基的同事
Steven Pinker 教授对此有过描述，为了保持其生动性，我们将
原文呈现在这里：

Chomsky's writings are "classics" in Mark
Twain's sense：Something that everybody wants to
have read and nobody wants to read. When I come
across one of the countless popular books on mind,
language, and human nature that refer to "Chomsky's
deep structure of meaning common to all human
languages", I know that Chomsky's books of the last
twenty-five years are sitting on a high shelf in the
author's study, their spines uncracked, their folios
uncut. Many people want to have a go at speculating
about the mind but have the same impatience about

mastering the details of how language works.[1]

更糟糕的是，国内很多学者没有耐心研读语言学原著，而是直接学习这种误解扭曲原作思想的二手、三手文献，甚至有的还加上自己的错误理解造成再次扭曲，最后呈现出来时已经面目全非。下面列举几例来说明这种情况的严重性。蔡曙山在《没有乔姆斯基，世界将会怎样？》（《社会科学论坛》2006 年第 6 期）的开篇讲了这么一件事：

> 2004 年，北京大学哲学系陈波教授和美国迈阿密大学苏珊·哈克教授共同搞了一个"过去50 年最重要的西方哲学著作"评选活动，参评人都是当今世界知名哲学家。评选结果显示，名列第一组的 12 本书和第二组的 10 本书均属于语言哲学、科学哲学和政治价值哲学……但是，在这个堪称权威的评选中，美国麻省理工学院的语言学教授、世界公认的语言学大师、世界著名语言学家和语言哲学家、第一代认知科学的领袖乔姆斯基并没有得到他应有的位置。他的划时代的著作《句法结构》不仅在第一组的 12 本书中名落孙山，而且在第二组的另外 10 本书中也排名靠后。
>
> 这个评选结果公开发布以后，学界同仁希望我就这个结果发表一些意见……可以说，如果没有乔姆斯基，半个世纪以来的人类文明会是另外一个样子，世界也会是另外一个样子……

---

① Pinker S. 1994：103.

令人奇怪的是，2004 年搞评选，组织者居然用乔姆斯基初出茅庐的处女作参评，而不是拿乔姆斯基的代表作与其他学者一较高下。解释只有一个：组织者不知道乔姆斯基的代表作是什么。蔡先生如果要替乔姆斯基打抱不平，只要指出这一点就够了，可是他没有。乔姆斯基代表作不止一部，唯独没有《句法结构》，因为在这本书里乔姆斯基的理性主义思想不仅没有展开，甚至连萌芽性的表述都没有，那根本就不是一本哲学著作，甚至连具有哲学意味的著作都算不上。乔姆斯基及其追随者在 20 世纪 70 年代以后很少提及这本书。作者对乔姆斯基的评价也不切实际，"可以说，如果没有乔姆斯基，半个世纪以来的人类文明会是另外一个样子，世界也会是另外一个样子"。"学界同仁希望我就这个结果发表一些意见"这话听上去让人确信作者是一个乔学权威，于是他开始介绍乔姆斯基的核心思想：

> 乔姆斯基认为："⋯⋯ 语言能力通过基因遗传先天地存在于每一个健全人的大脑里，就如同每个人都有视觉和听觉一样。人类的大脑具有先天的语言能力，而这种生物学意义上的天资则表现为一些原则，这些原则对所有的语言都是共同的，所以，所有人类语言的语法都是一样的。"

乔姆斯基把自己开创的转换-生成语法称为"作为语言能力理论的生成语法"，他是这样定义语言能力的：

> 我们把语言能力和语言行为从根本上区别开来，前者指说话人—听话人所具有的关于他的语言的知识，

后者指具体环境中对语言的实际使用。[①]

不难看出，乔姆斯基的语言能力是用"说话人—听话人所具有的关于他的语言的知识"来界定的，那么，这种语言知识是什么呢？Chomsky（1965：15）："we stress again that knowledge of a language involves the implicit ability to understand indefinitely many sentences"（我们再次强调，一种语言知识包括理解许多句子的能力）。理解许多句子的能力是遗传的吗？婴儿出生就能听懂语言吗？乔姆斯基在谈及"能力"时，使用过 ability、competence、faculty 三个词，前两个用来指精通母语的理想的说话人—听话人（ideal speaker-listener）使用母语的能力，是现实能力；而 faculty 指先天能力，是潜在的能力，即遗传来的是 faculty[②]，后天形成的是 ability 或 competence。一个译者或读者如果不注意区分这三个词的含义，就会导致理解上的混乱。上举引文的作者就陷入了这种误区。"所有人类语言的语法都是一样的"这种明显与现实相悖的荒谬命题谁会相信？蔡先生接下来还有这样的表述：

> 乔姆斯基认为，从儿童的心—脑中产生的语言，就是这种先天能力的一种特殊的实现，它表现为这样的三个状态：（1）初始状态（initial state），标记为 S0；（2）连续状态（series states），标记为 S1，S2，S3，……（3）稳定状态（steady state），标记为 SS。

---

① 见 Chomsky 1965：4。

② faculty 只代表婴儿习得母语的先天条件，相当于莱布尼茨"大理石上的纹路"，还不是清晰可用的语言知识。

乔姆斯基说："儿童从初始状态或称零状态开始，这时

他的语言知识为零；然后经过一系列的状态 S1，S2，

S3，……这时他遨游在大量数据构成的语言海洋之中，

到最后他达到稳定状态标记为 SS。"①

如果儿童在初始状态（S0）时"语言知识为零"，这等于承认婴儿的心灵是一块白板，那么他的所有语言知识都是后天习得的，这无疑是经验主义和行为主义的语言习得论，而乔姆斯基正是通过激烈反对经验主义和行为主义语言习得论而一举成名的。如果我们真正研读过乔姆斯基的著作，我们就应该知道 S0 代表普遍语法（universal grammar），一个与生俱来的"原则 ＋ 待定参数"系统②，它并不是"零"。此外，"这时他遨游在大量数据构成的语言海洋之中"这种表述不符合乔姆斯基学说，只要了解点儿乔姆斯基学说就应该知道，乔姆斯基是主张刺激贫乏论的（poverty of stimulus）：儿童接受的语言刺激是那么少，而他们习得的是那么多。他把这种不对称现象叫作语言习得的柏拉图问题。正是这个柏拉图问题促使他提出了普遍语法假说（universal grammar hypothesis）。

心理学界也对乔姆斯基感兴趣，孙晔《认知心理学产生的历史背景分析》（《心理学报》1986 年第 1 期）：

---

① 画线部分这段引文前边有"乔姆斯基说"，该引文出自 John Maher 和 Judy Groves 的 Introducing Chomsky。那么，这段话到底是乔姆斯基说的还是 John Maher 和 Judy Groves 说的，我们不得而知。如果是乔姆斯基本人说的，为什么不从乔姆斯基本人的文献里引出呢？

② "Universal grammar is part of the genotype specifying one aspect of the initial state of the human mind and brain." (Chomsky 1980：82)

乔姆斯基理论的另一个观点是区分句子的深层结构和表层结构。前者表达意义，后者是表达意义的形式。

作者把表层结构与深层结构解读为形式与内容的关系，这种理解在国内学界较为普遍。乔姆斯基多次强调过，"深层结构和表层结构不是听话者和说话者的模式"（1965），它们都是句法结构，不存在谁表达谁的问题。它们的关系类似于 $(a+b)^2$ 与 $a^2+2ab+b^2$ 之间的关系——可转换的两个表达式之间的关系。为了避免这种偏差，20 世纪 80 年代乔姆斯基废弃了这两个术语，而代之以 D-结构（D-structure）和 S-结构（S-structure），但并没有因此消除中国学者的理解偏差。

鉴于此种情况，笔者认为将那些对某些哲学观点具有证据意义的现代语言学成果从哲学视角梳理清楚并将其系统地呈现出来，也许是有意义的。

1.2　本书主旨

用当代语言学证据论证普遍语法存在，从而论证先天知识存在，支持理性主义认识论，特别是莱布尼茨的"大理石纹路"说。

1.3　结构安排

第二章对近代认识论进行述评，为本书论证部分提供必要的学术背景。第三章讨论语法和语法学的本质、语法学何以可能、语法学与哲学的联系，为第四章和第五章讨论语言学数据及其哲学意义做铺垫。第四章集中呈现当代语言学的相关数据，包括健全儿童口语习得，听障儿童手语习得，多种族移民区儿童克里奥尔语的创造等领域的数据。第五章是本书的核心部分，重点是通过对第四章所呈现的数据的分析论证"人有先天知识"这一命题的正确性。第六章利用医学领域的发现——利用失语症的研究成果，论证作为先天知识的普遍语法的生理基础。第七章是一个简短的总结。

第 2 章　近代认识论述评

　　本书的主旨是为理性主义认识论提供语言学证据，因此，近代哲学有关认识论的各种观点、争议都属于本书必须交代清楚的前提。本章分析认识论的各种观点，梳理认识论的发展脉络，以便为本书的核心观点提供一个完整的学术背景。

　　认识论是关于知识的理论。它关注的核心问题可概括为三个方面：（一）什么是知识？（二）知识在哪里？（三）人如何获得知识？对此，理性主义和经验主义建构了截然不同的理论。对第一个问题的回答，理性主义和经验主义基本没有分歧，都强调客观有效性，即普遍必然性，具有普遍必然性的认识即知识。两种哲学理论的主要分歧表现在对第（二）、（三）两个问题的回答上。所以下面的述评集中在这两个问题上。

2.1　理性主义的核心观点及内部分歧

　　理性主义对"知识在哪里"的回答是：知识是"天赋观念"，它先验地存在于人们的心灵。承认这个"天赋观念"的属于理性主义一派，否认这个"天赋观念"的基本属于经验主义一派。在承认"天赋观念"的这一派里又有承认到什么程度的区别。

2.1.1　笛卡尔的"天赋观念"论

"天赋观念"由笛卡尔提出，关于它的内涵，梯利是这样概括的："所谓天赋的知识，有时它指头脑所感受的观念或真理，指灵魂于自身中发现的原理；有时它指在经验的过程中，灵魂产生这种知识的固有的能力或机能。"① 姚鹏将天赋观念离析为四类：

（一）公理和普遍原则是天赋的；

（二）上帝的观念是天赋的；

（三）认识能力是天赋的；

（四）简单性质的观念是天赋的②。

在笛卡尔看来，天赋观念的实在性是无可怀疑的，他举例说，一个蜡块从固态变为液态，我们都知道它还是那块蜡，这不是感觉能告诉我们的（固态给我们的感觉和液态给我们的感觉是不同的），也不是想象力能办到的，而是我们心中固有的"同一"概念帮我们认识到的。类似这样的概念和原则在我们头脑中有多少？笛卡尔说"无数"。人们是怎么意识到自己头脑中原本就有这些观念的呢？他是这么说的：

　　（数目、广延、运动及它们的特点等）这些东西的

---

① 梯利，等. 西方哲学史：增补修订版［M］. 葛力，译. 北京：商务印书馆，1995：320.

② 姚鹏《笛卡尔天赋观念说的基本涵义》，《哲学研究》1985 年第 6 期。国内学界对（一）（二）（四）项"天赋观念"比较熟悉，而对"认识能力是天赋的"这一项，除姚鹏这篇论文外，极少有人涉及。若"天赋观念"包括认识能力，洛克与笛卡尔的差别就很有限了。阅读笛卡尔原著，我们认为"认识能力是天赋的"应该是笛卡尔"天赋观念"中本有之意。姚鹏的论文中对此有详细论证，读者可自行参看。

真理性表现得非常明显，与我的本性非常相合，因此我开始发现它们时，并不觉得自己领会了什么新的东西，反而像是记起了我以前已经知道的东西；也就是说，我觉察到了一些东西，这些东西已经在我心中，虽然过去我还没有把思想转到这些东西上去。我在这里发现的最重要的事，无过于我发现我的心里有无数个关于一定事物的观念，这些观念我们不能认为是纯粹的虚无，虽然也许它们并没有任何在我以外的存在，同时它们不是我杜撰出来的，虽说我有自由去思考它们或不去思考它们，它们是有自己真实不变的本性的。举个例子来说，我想象一个三角形的时候，虽然也许在我以外的世界上任何地方都没有这样一种形状，并且从来没有这样一种形状，但毕竟这个形状有一种明确的本性、形式或本质。这种本性是不变的、永恒的，不是我捏造出来的。①

和柏拉图的灵魂回忆说比起来，笛卡尔说得不算清楚。正如梯利指出的："他没有创制一种系统的认识论；他感兴趣的是发现真理的方法，而不是详细地探讨认识论问题。"② 不过，从这段引文中使用的"发现""记起""觉察"这几个动词来看，人们发现或意识到自己头脑中"天赋观念"的机制应该是这样的：那些观念原本头脑中就有，但只有在思考时它才能明晰起

---

① 北京大学哲学系外国哲学史教研室. 西方哲学原著选读·上卷［M］. 北京：商务印书馆，1981：380.

② 梯利，等. 西方哲学史：增补修订版［M］. 葛力，译. 北京：商务印书馆，1995：320.

来，也就是说，它原来没在当前窗口，当我们进行思考时它才来到当前窗口。那么，是什么启动了思维过程呢？举例来说，是什么让心灵想到一个三角形并进而思考它的性质呢？除了经验应该没有别的了，但笛卡尔没有明确的表述。

2.1.2　莱布尼茨的理性主义认识论

莱布尼茨也承认有先天的知识，他将其叫作"天赋的内在原则"。但他同时指出：

诚然我们不能想象，在心灵中，像读一本打开的书一样读到理性的永恒法则，就像在揭示牌上读到裁判官的法令那样毫无困难，毫不用探求，但是只要凭感觉所供给的机缘，集中注意力，就足可以在我们心中发现这些法则……我也曾经用一块有纹路的大理石来做比喻，而不把心灵比作一块完全一色的大理石或空白的板，即哲学家们所谓的 Tabula rasa。因为如果心灵像那种空白板一样，那么真理之在我们心中，情形也就像赫尔库勒的像刻在一块大理石上一样，这块大理石本来是刻上这个像或别的像都完全可以的。但是如果在这块石头上本来就有些纹路，且表明刻赫尔库勒的像比刻别的像更好，那么这块石头就会更加被确定用来刻这个像，而赫尔库勒的像就可以说是以某种方式天赋在这块石头上了，虽然也必须加工使这些纹路显出来，加以琢磨，使它清晰，把那些阻碍这个像显现的纹路去掉。同样情形，观念与真理是作为倾向、禀赋、习性或自然的潜在能力而天赋在我们心中，并不是作为现实作用而天赋在我们心中的，虽然这种潜在能力永远伴随着与它相适应的、常常感觉不到的现实作用。①

从笛卡尔到莱布尼茨发生了哪些变化呢？

相同点：（1）都承认有先于经验的天赋的知识。（2）都承认认识能力是天赋的（莱布尼茨表达得更肯定、清晰）。

不同点：（1）莱布尼茨的"天赋的内在原则"不像笛卡尔的"天赋观念"那么具体、那么鲜活〔"我主张，所有的（基本的几何观念）都是天赋予我们心中的"②〕，它只是一些"倾向、禀赋、习性或自然的潜在能力"。（2）经验在认识中起什么作用，两位哲学家对此的看法是不同的。笛卡尔相信思维本身，他一味强调感觉、经验的欺骗性，连思维是不是由经验引发的也没有明确的表态。莱布尼茨明确肯定思维是由外界对象引发的，他承认后天经验是认识的起点。"心灵是否像亚里士多德和《理智论》作者所说的那样，是完完全全空白的，好像一块还没有写上一个字的白板；是否在心灵上留下痕迹的东西，仅是从感觉和经验而来，还是心灵原来就包含着一些概念和学说的原则，外界的对象只是靠机缘把这些原则唤醒了。我和柏拉图一样持后一种主张。"③

---

① 莱布尼茨. 人类理智新论·序［M］∥西方哲学原著选读·上卷. 北京：商务印书馆，2011. 494-496.

② 《笛卡尔全集》第3卷，巴黎法文版，第418页。转引自姚鹏《笛卡尔天赋观念说的基本涵义》，《哲学研究》1985年第6期。

③ 莱布尼茨. 人类理智新论·序［M］∥西方哲学原著选读·上卷. 北京：商务印书馆，2011：493.

2.2　经验主义的核心观点及内部分歧

"所谓经验主义，即这样一种学说：我们的全部知识（逻辑和数学或许除外）都是由经验来的。"[①] 经验主义认为后天经验不仅是知识的起点，而且是知识的全部内容。我们这里主要关注经验主义两个公认的代表人物洛克和休谟。

2.2.1　洛克的经验主义

"洛克可以看作是经验主义的始祖，"[②] 他反对以笛卡尔为代表的理性主义，主张经验主义。因此，他必须先破后立，即先把理性主义理论否掉，然后提出自己的见解。这是他的《人类理智论》的逻辑结构。他是从以下几个方面反驳、批判理性主义的。

（一）天赋观念既不合理又无必要。

上帝已经赋予人以视觉和一种用眼睛从外物接受颜色的观念和能力，如果还要认为颜色的观念在人心里是天赋的，那就是不妥当的；还有，我们既然可以观察到，那在我们自身之中就具有一些足以容易而可靠地获得关于某些知识的能力，容易和可靠到好像这些真理最开始就印在心灵上似的，如果还要把这些真理归之于天生的印象和天赋的记号，那同样是不合乎道理的。

---

① 罗素. 西方哲学史·下卷 [M]. 马元德，译. 北京：商务印书馆，2011：150.
② 罗素. 西方哲学史·下卷 [M]. 马元德，译. 北京：商务印书馆，2011：150.

从这项论证中可以解读出两个观点：（1）天赋观念不合理；
（2）天赋观念不必要。上帝既然赋予人获取知识的能力，就不
会再赋予人现成的知识，因为具有无限智慧的上帝不选择毕其
功于一役而选择做这种等效的重复性的工作，这明显是不合理
的。这是从上帝的角度来看的。这个观点的论证以上帝存在为
前提。上帝存在与否有待证明，但事实上却是无法证明，因而
将"上帝存在"为前提不能保证结论的可靠性。但这个论证对
笛卡尔的反驳是有效的，因为笛卡尔是承认这个前提的，同时
他承认认识能力是天赋的。这样论辩双方是在共同的前提下展
开的，因而不论结论是否为真，反驳都是有效的。对第二个观
点的论证，洛克使用的工具是奥卡姆剃刀（如无必要，勿增实
体：如果用较少的东西同样可以做好事情，那么用较多的东西
去做，就是一种浪费。简单性是评价理论优劣的一个标准）。我
们有可靠的获取知识的能力，这对于解决知识是如何获取的问
题足够了，没有必要再设想一个天赋观念。这里，是立足先天
能力来论证的，还没有涉及经验。洛克的这个论证是有效的。

（二）全人类都同意的普遍原则并不存在，即便真
的存在也不能证明是天赋的，更何况事实上并不存在
这种全人类都同意的普遍原则，因为好多人（儿童和
智障人士）不知道这种事，这就谈不上普遍同意。

有某些思辨的、实践的原则是全人类都普遍同意
的，因此他们说，这些原则一定是一些恒定的印象，
是人类的灵魂在最初存在时就获得的，是人们把它们
一同带到这个世界上来的……但是"普遍同意"的论

据并不充分，因为纵然事实上真有一些真理为全人类普遍同意，那也不足以证明它们是天赋的。如果能够指出人们对于他们所同意的那些事物还可以有别的途径达到这种普遍同意的话，那这一点我认为是可以做到的。然而，"普遍同意"这个论据本来是被用来证明天赋原则的，在我看来却正好证明了并没有什么天赋原则……"存在的东西存在"……"同一物不能既存在又不存在"；我想这两个原则是所有原则中最可能被称为天赋原则的。——但是，我敢大胆地说，这些命题并未得到普遍同意……因为，首先所有的儿童和智障人士显然一点儿也没有想到这两个原则，这就足以证明没有所谓"普遍同意"的存在了……

　　这里有两个问题：（1）"不知道"是不是等于"不同意"？（2）普遍同意是不是百分之百同意？另外，用儿童和智障人士做论据，也有点儿不像哲学论证。事实上，英国近代理性主义的开创者爱德华·赫伯特（Edward Herbert）在洛克发表上述观点的 66 年前就已经对"普遍同意"（common consent）的有效范围有过精细的说明（De Veritate《论真理》1624，洛克的《人类理智论》发表于 1690）："普遍同意"限于理智正常的人（normal men），特意排除了 persons who are out of their minds or mentally incapable and those who are headstrong, foolish, weak-minded and imprudent①。

---

　　①　参见 Chomsky 1964，上海外语教育出版社 2012：99。

（三）真理印在灵魂上，而灵魂并未感知到它们，这是矛盾的。

说有些真理印在灵魂上，而灵魂并未感知到它们或理解它们，但我看来是近乎矛盾的，因为所谓"印"，如果有任何意义的话，不外乎是使某些真理为人感知到的意思。但是，把任何东西印在心灵上而心灵并未感知到它，在我看来几乎是不可理解的……它们如果是印在心灵上的概念，又怎能不为人所知呢？先说有一个概念印在心灵上，又说心灵并不知道它，并且从未注意到它，这就等于取消了这种印在心灵上的说法。凡是心灵从未知道、从未意识到的命题，都不能说是存在于心灵中的。

从当时的理论水平来看，这是最具有实质性意义的质疑，但康德的这段话回答了这个质疑：

普遍语法就是语言的一般形式。人们不懂语法，却也在讲话；不懂语法而讲话的人，事实上也有语法，其讲话也遵从规律，但是对于这些规律他却没有自觉到。[①]

人们心里有的东西，他们自己真的未必知道有。在弗洛伊德证明了潜意识的存在以后，特别是转换-生成语法理论被承认以后，洛克这一质疑也就没有意义了。

至此，洛克认为自己"完成"了"破"的任务，开始了

---

① 康德. 逻辑学讲义 [M]. 许景行，译. 北京：商务印书馆，2010：78.

"立"的过程。洛克的主要观点如下：

（1）心灵原本是一块白板，一切知识均来自后天经验。

（2）经验分为感觉和反省两类。感觉是通过外界事物的刺激而产生观念的过程，反省则是心灵通过对观念的反思产生新观念的过程。

（3）通过感觉获得简单观念，通过反省获得复杂观念和抽象概念。

洛克的问题出在"反省"这一环上。反省以简单观念为材料，将简单观念加工成复杂观念，这就承认了心灵具有抽象、推理的能力。洛克不承认"天赋观念"，却承认天赋能力；他承认人们能够获得普遍真理，"那些真理之所以出现在人心中，是因为它们就是适当考察过的事物本身，而且它们之所以被人发现，是因为人们曾经适当地运用自然所赋的能力来接受它们、判断它们（《人类理智论》第 1 章第 24 节）。"所以心灵这块白板也并非简单的白板。莱布尼茨抓住这一点反问："既然如此，还能否认在我们的心灵中有许多天赋的东西吗？"进而指出："既然他承认我们的认识有感觉和反省这两重来源，他的意见和我的意见，或者说和一般人共同的意见归根结底是并无区别的（《人类理智新论》）。"也因此，洛克被认为是不彻底的经验主义者。此外，洛克既认为一切来自感觉经验，又主张可以通过这个途径达到普遍真理（获得普遍性和必然性），这正是后来休谟批判的一个重点。从完形心理学角度来看，由简单建构整体这种认知顺序并不符合事实。

2.2.2　休谟的经验主义

黑格尔说："休谟完成了洛克主义（《哲学史讲演录》第 4

卷228页)。"关于休谟超过洛克的地方，我们可以将其简单概括为两点：观点的深刻和论证的高明。

其深刻之处在于以下两点：

（1）在明确感性物与普遍者对立的基础上，指出经验不能保证普遍性和必然性，以至于将推理必须依赖的因果关系也否定掉，从而威胁到知识的可靠有效性，使问题严重到知识是否可能的地步。

（2）笛卡尔用"我思故我在"证明了自我的存在，同时声明这个自我不包括身体，仅指精神——心灵。洛克也认可心灵原本就有某些天赋能力，比如推理能力。休谟则指出自我不具备经验上的连续性，不具有确定性，因而自我（心灵）只不过是一束变动不居的知觉、一个空洞的观念：

> 有些哲学家认为，我们每一刹那都真切地意识到所谓的我们的自我；认为我们感觉到它的存在和它的存在的继续；并且超出了理证的证信程度那样确信它完全的同一性和单纯性……就我而论，当我真切地体会到我所谓的我自己时，我总是碰到这样或那样特殊的知觉，如冷或热、明或暗、爱或恨、痛苦或快乐等。任何时候，我都不能抓住一个没有知觉的我自己……只能观察到一个知觉……我可以大胆地对其他人说，他们只是那些以不能想象的速度互相接续着，并处于永远流动和运动之中的知觉的集合体，或一束知觉。我们的眼睛在眼窝里每转动一次，就不能不使我们的知觉有所变化。与我们的视觉相比，我们的思想更是

变化无常的；我们的其他器官和官能都促进这种变化；

灵魂也没有任何一种能力可以始终维持同一不变，哪

怕只是一刹那。①

这种怀疑论使人格同一性受到了前所未有的挑战，它提示人们两点：①自我不是个理所当然应该接受而无须置疑的东西；②要证明心灵存在，就必须证明心灵是个稳定的东西或是由一些稳定的东西构成的。无论如何都要承认，休谟将认识论向前推进了。"它的历史意义在于：真正说来，康德哲学是以它为出发点的（黑格尔《哲学史讲演录》，2017 年商务印书馆出版，第 4 卷 226 页）。"学界普遍认为，没有休谟提出的问题，就没有后来的康德哲学，这是很有道理的。

如果彻底贯彻经验主义原则，一切都来自感觉经验，我们头脑里就只能有杂多，而不会有统一，因为概念无法直接经验到，无法直观到；然而我们头脑中有概念。关于概念的产生，洛克将其归因于心灵的天赋能力，这就没有彻底贯彻经验主义原则，休谟要彻底贯彻经验主义原则——不借助天赋能力——他要怎样论证呢？其论证的高明之处在下面这段引文中可见一斑：

我们都不难承认，当一个人感觉到灼热的烫痛或温暖的舒适时的感觉，和当他事后在记忆中重新唤起这种感觉或在想象中预感到这种感觉时，在心灵的这两种感觉之间，是有很大的差别的。回忆和想象虽然

---

① 休谟. 人性论：上 [M]. 关文运，译. 北京：商务印书馆，1980：281-282.

能摹写这些感性知觉，但是永远不能完全达到原来的感觉那样有生气和有力量……因此，我们可以将心灵中的一切知觉分为两类，这是依照其有力的生动的程度来辨别的。那比较微弱和不生动的一类，通常称之为思想或观念。另外的一类……姑且称之为印象……所谓印象，我指的是一切较为生动的知觉，就是指我们听见、看见、触到、爱好、厌恶或欲求时的知觉。印象与观念有别，观念是较不生动的知觉，我们是在回想到上述各种感觉或运动的时候才感知到这些观念的。①

休谟不像其他哲学家那样清楚地区分"感觉—知觉—概念（休谟称其为'观念'）"这几个范畴，他把感觉提升一个层次，再把概念下降一个层次，这样，感觉与概念就在同一个层面上了——就都成了知觉，再把经时未久因而尚保有生动性的知觉叫作印象，而把历时已久因而失去生动性的知觉叫作观念。印象假以时日自然发展为观念，这样就可以避免谈论心灵的抽象能力问题了（莱布尼茨便没有办法像质疑洛克那样质疑休谟了）。休谟的话说白了就是：知觉冷却之后就成了概念，或者说知觉褪色之后变为概念。也可以再说得明白一些：概念就是遗忘了细节因而失去生动性的知觉，一般概念的形成机制是细节遗忘（完全谈不上主观能动性）。

---

① 休谟. 人类理智研究［M］// 西方哲学原著选读·上卷. 北京：商务印书馆，1995：517-518.

2.3　康德的认识论

康德在认识论领域里面对的哲学问题是：知识何以可能？

知识是观念之间的联系，它通过判断表达出来。知识的可靠有效性要靠普遍必然性来保证。理性主义用数学定理做论据来论证普遍必然性的存在。然而休谟认为，数学定理都是重言式——同义反复，并没有给我们新的东西——并不增加知识；而经验不能提供普遍性和必然性。

康德解决这个问题的思路是将理性主义和经验主义结合起来，具体地说，他做了如下几方面工作：

（1）对心灵的建构

以往对心灵的认识，共识是：它属于精神范畴，不属于物质范畴——它不是一块肉。分歧是：心灵由天赋观念和天赋能力构成（理性主义）；心灵什么都没有，只是一块白板（经验主义，特别是休谟）；康德认为对心灵可以进行结构描写：心灵是纯形式的，分为感性形式和知性形式。时间、空间是心灵的感性形式，时间是内在的感性形式，空间是外在的感性形式。知性形式由 12 个知性范畴和与之相对应的 12 个判断构成。这 12 个范畴分为 4 类，它们是属于量的范畴：单一性，复杂性，全体性；属于质的范畴：实在性，否定性，限定性；属于关系的范畴：实体，原因，共联性；属于模态的范畴：可能性，存在性，必然性。12 个判断是关于量的判断：全称判断，特称判断，单称判断；关于质的判断：肯定判断，否定判断，无限判断；

关于关系的判断：定言判断，假言判断，选言判断；关于模态的判断：或然判断，实然判断，必然判断。[①]

（2）描述了心灵的运作机制

我们靠着时间和空间这两个感性形式获取客观世界在我们心灵中的显像，这个显像是否反映了客观世界真正的面目我们无从知晓，青蛙的眼睛看到的世界是否跟我们看到的一样，我们也无从知晓。我们自身的有限性决定我们心灵这台摄像机只能把对象拍摄成这样。因此，这个显像虽以客观对象的在场为条件，但它绝对是主观的。然而这个显像却是我们思维的素材，是思维的对象。获取了思维素材以后，感性便完成了它的使命，接下来的工作（思维）就交给了知性。思维靠的是知性形式，知性形式对感性形式获取来的素材进行处理的过程就是思维过程。处理分为两步，一步是把直观素材归纳在 12 个范畴中某一范畴之下，使之一般化（必须这样，因为直观无概念是盲的）；另一步是生成与该范畴相对应的判断。至此完成思维过程。整个流程大致可描述为：

客观世界 → ［感性形式］→ （显像）→ ［知性形式］→ （具体判断）

整个过程以客观世界为起点，"［　］"里边的东西是心灵固有的软件，是先验的；"（　）"里边的东西是经前一个软件处理后的生成物。感性、知性都是纯粹形式。打个比方说，它们相当于 $a^2 + b^2 = c^2$ 这样的公式，在对 a，b 赋值之前只是形

---

① 康德. 未来形而上学导论 ［M］. 李秋零，译. 北京：中国人民大学出版社，2013：45.

式（范畴无内容是空的），对 a，b 赋值之后才有计算结果。结果的可靠性是由 $a^2 + b^2 = c^2$ 这样的形式保证的。

（3）回答了知识何以可能

没有普遍性和必然性的任何认识都不是知识——理性主义和经验主义的共识。归纳法不能保证普遍必然性，因果关系只是主观虚构，它实质上只是一种习惯（休谟），那么知识何以可能呢？康德的做法是先不急着回答这个问题，他先研究经验，分析经验由什么构成，先解决经验何以可能的问题。经验的起点是客观世界，先天感性形式（时间、空间）按照它自己的方式（却未必是按照客观世界本来的样子）将客观世界摄入心灵，心灵借此形成对客观世界的直观（观念）。孤立的观念不是经验，"经验由直观和判断构成"而"判断仅仅是知性的事情"[①]。"知性不是从自然获取其（先天的）规律，而是给自然规定其规律。"[②] 经验里边已经含有知性成分。甚至可以说，经验是知性塑造的。梯利对此的理解是："没有范畴，则不可能有条理分明的经验……范畴使经验得以成立……举例来说，除非心灵理解液体和固体这两种状态在时间中有关联，并把二者在思维的单一活动中联系起来，否则像知觉水结冰这样简单的活动都不可能……凭借范畴才可能有经验世界。"[③] 既然经验本来是按照知

---

① 康德. 未来形而上学导论 [M]. 李秋零，译. 北京：中国人民大学出版社，2013：46.

② 康德. 未来形而上学导论 [M]. 李秋零，译. 北京：中国人民大学出版社，2013：61.

③ 梯利，等. 西方哲学史：增补修订版 [M]. 葛力，译. 北京：商务印书馆，1995：443-444.

性规律得出的，那它自然就符合知性规律，这样，就由知性保证了经验的普遍必然性，而具有普遍必然性的经验就是知识。这就回答了知识何以可能的问题。康德反复强调的是，我们的知识是关于经验的知识，是关于自然在我们心灵中的显像的知识，而不是关于自然本身的知识。自然本身（物自体）是什么样子，我们没有可能认识它。我们知觉到物体有广延、颜色，甚至还有变化，这只是时间、空间两种先天直观形式让我们这样知觉它。它本身是不是这样，我们不得而知。这样，所谓普遍必然性，只是自然的显像及其关系在我们心灵内部的自洽，而不是与自然本身（物自体）的绝对相符。

2.4 小结

以上是我们对哲学史认识论的部分内容（从笛卡尔到康德）做的简单梳理。我们之所以重视这部分内容，是因为它刚好构成我们论题的哲学背景。这个背景与下文的对接点是：人有无先验的知识？哲学家对这个问题的回答已见上文所述，下文呈现的是部分当代语言学家基于他们在语言研究中发现的事实对这个问题的回答。这部分语言学属于转换-生成语法学派，代表人物是艾弗拉姆·诺姆·乔姆斯基（Avram Noam Chomsky）。

第 3 章　语法和语法学

由于转换-生成语法学派支持理性主义的证据主要来自语法方面的事实，当我们呈现这些事实的时候不可避免地要使用一些语法术语，因此有必要对语法领域里的基本概念做一些交代。

3.1　什么是语法？

通常的定义是：语法是语言单位的组合规则。什么是语言单位？语言单位通常分为五级，由低到高的顺序是：语素→词→词组→句子→语篇（大于一句话的语段）。这五级单位内部关系是构成性的：低级单位是其高一级单位的组合成分（语素组合成词，词组合成词组，以此类推）。既然叫作组合，就不是元素的随意堆砌，而是要遵循规则，语法讲的就是各级单位之间的组合规则。让我们用一个假设的情形来说明这层意思，为了便于指称，我们将其叫作情形 S。

情形 S：

我们用 P 来代表任何一个以汉语为母语的 5 岁孩子（语言习得领域的数据表明：正常儿童在年满 5 岁时已经完成母语语法习得，此结论适用于任何民族），P 要用"热"和"水"组成一个偏正词组来表达"hot water"的汉语意思，他直接说"热水"就可以了；而要用"滚热"和"水"生成一个偏正词组来

— 27 —

表达"very hot water"，则 P 必须使用结构助词"的"生成"滚热的水"。P 不会使用"热的水""滚热水"这样的形式，但当 P 听见外国人这样说时，他能听懂表述者在说什么（因为此时外国人的表述在 P 的容错范围内），但他自己绝不这样说。如果 P 是个有耐心的孩子，他还会帮忙纠正错误。这是个极其平常的情形，但这种情形却隐含着深刻的问题。下面让我们把情形 S 中隐含的问题展开：

a. 毫无疑问，P 能自己使用正确形式并纠正不正确形式的前提是他心中有正确使用结构助词"的"的规则。

b. 难以解释的是，结构助词"的"的使用规则没有人教过 P。因为到目前为止，还不存在一个语法学家能够表述这个规则。这个规则是什么？汉语语法学界一直在努力回答这个问题，但至今也没有做到。邵敬敏主编的《现代汉语通论》是教育部指定的"中国高等学校文科 21 世纪新教材"，该教材在处理定中结构中"的"的使用规则时写道：

> 定语由形容词、名词、量词结构充当时，不一定要用"的"，而由各类词组充当时，通常都要借助"的"来连接。①

规则中分为"不一定要用""通常要用"两种情况，都没有告诉人们什么时候必须用，什么时候不能用。黄伯荣、廖序东主编的《现代汉语（下册）》（第 87 页）是这样讲的：

> 定语和中心语的组合，有的必须加"的"，有的不

---

① 邵敬敏. 现代汉语通论 [M]. 上海：上海教育出版社，2001：194.

能加"的"，有的可加可不加。加不加"的"，涉及定
语的词类，也可能涉及定语或中心语的音节多少，以
及其间的语义关系。

加不加"的"要涉及词类、音节数量、语义关系这么多方
面，这充分说明了问题有多么复杂。可是这么一个语法学家解
决起来困难重重的复杂问题，在一个 5 岁孩子那里竟然不是问
题——他能完全正确地使用"的"。

c. P 心里的规则是所有汉语母语者心里的共同规则——大
家拥有同样的规则，这些规则指导每个人生成正确的用法，纠
正错误的用法。这条规则具有普遍必然性，因此有资格叫作知
识。既然大家心里都有，那语法学家心里当然也有。既然这样，
事情就好办了，语法学家把他心里那些规则表述出来不就可以
了吗？可是他做不到。当他想表述的时候，他发现心里没有什
么规则，他一个字也说不出来。也就是说，那些规则能用不能
说；我们意识不到它的存在，用乔姆斯基（1993：25）的话说
"the system appears inaccessible to consciousness（这个系统似
乎是意识无法触及的）。"讨论到现在，一个自然的结论是：存
在着这样的知识，人人心里都有，然而不可表述。语法知识就
是这样一种知识。这种知识，每个人心里差不多都一样，一个 5
岁孩子具有的语法规则与一个教授一样多[1]。我们对这种知识的
特点和范围了解得还不多，但有两个特点是不可否定的，一个

---

[1]　不是说一个 5 岁孩子和一个教授的语言表述能力一样，语言表述能力是有
高低之分的，这个高低主要取决于词汇能力。词汇知识与历史、文学、物理、化学
知识一样，是后天学得的；而语法知识是另一回事。

是这种知识与其他一切知识不同，它不是学得的（not by learning），因为没人能教；这种知识是习得的（by acquisition）①；另一个是可用而不可述——不具有可表述性，因为它不在意识之中（它存在，但不是存在于意识层面）。凡是学得的知识都具有可表述性，词汇是学得的，让一个初中生把他学过的词汇都写出来，这是办得到的，他可以通过回忆，一个一个地写出来，如果哪个词他写不出来，那是他忘记了，此时那个词不在他心里。而语法则不然，它就在那里，你随时可用，但你就写不出来。这是无法否认的事实，这个事实康德很清楚，但洛克不清楚。

d. 很久以来，人们把 P 的语法能力解释为语感。P 能说出正确形式并能纠正错误形式，凭借的是语感。可是将语法换成语感并没有将问题解决掉，因为我们还可以问语感是什么？P 为什么没有别的什么感（"数学感、文学感、化学感"等），而独有语感？语感是可描述的吗？如果不可描述，但可使用，问题就又回到了原点——由语法是什么变成了语感是什么，只是换了一个术语而已，问题并没有解决。

转换-生成语法学派也认为 P 心里的语法就是语感，该学派的工作目标就是刻画母语者的语感。这是它与已经存在过的语法学派相区别的地方。

前面列举的情形 S 只涉及结构助词"的"的使用规则，母语的语法就是由大量的诸如此类的规则构成的一个复杂系统，

---

① 习得的概念我们在后边讨论。

这个规则系统指导着母语者生成正确的使用规则、纠正错误的使用规则，这个系统就是任何一个母语者的内在的语法，这就是语法的本义。

3.2　语法学是如何可能的？

在 3.1 里我们讨论了语法的本来意义指什么，以及它有什么特点等问题；这里我们将讨论语法学。语法学家从研究的角度把内在于母语者心中指导母语者语言编码的组合规则（语感）一条一条地表述出来，建立一个清晰的规则系统，这个规则系统就是语法学。换言之，语法学是语法学家对语法（语感）的刻画，是以语法（语感）为研究对象而做出的研究成果。语法是认识对象，语法学家是认识主体，语法学是认识成果（在语言类学术著作里，有时也用语法指称语法学，这时，语法就有了两个含义：1. 语法本体，2. 语法学；要注意辨析）。语法只有一个，认识主体有多个；不同主体在研究材料选取、研究方法使用方面的任何差异都会导致认识的差异，从而导致针对同一语言语法的不同语法学。也就是说，语法是一个，语法学却是多个。传统语法、结构主义语法、转换-生成语法、格语法、构式语法等都是不同的语法学。

我们在 3.1 里说过，语法在我们心里，可用，但我们对它没有觉知，想表述它时却抓不住它。那么语法学家如何能建立语法学呢？套用一下康德的提问模式：语法学是如何可能的？历代语法学家在建立语法体系的努力中遵循这样一个原理：虽然我们心里的语法不可直接述说，但语言作品（我们说/写出来的话）是在语法规则指导下产出的，那么在语言作品中就有语法规则的体现；从而，通过分析语言作品获得语法规则是可能的。这有点儿像下边这种情形：一个盖好的大楼是按设计图纸施工的，但这个图纸找不到了，而我们又想了解这个设计，那么通过对这个大楼实体进行测量分析来重现那个图纸是有可能的。基于这个原理，语法研究的操作路径为：搜集语言材料 → 分析语言材料 → 概括出规则。不难发现这是一个经验主义指导的研究策略。休谟指出，经验主义不能保证普遍必然性，而没有普遍必然性的概括就没有资格称为知识。人们面对的语言资料总是有限的，因为人们没有可能穷尽已有的语言资料，人们对资料的分析概括也难免带有主观性，因此，分歧、争论总是研究现场的常态。辛辛苦苦工作的语法学家到头来无奈地哀叹：没有一条语法规则不漏水！让我们举个汉语语法研究的例子来说明这种情形。汉语表示动作重复或继续有两个副词："又"和"再"。语法学家有责任说清二者的使用规则——什么情况下使用"又"，什么情况下使用"再"。吕叔湘（1984：571）观察了下列材料：

再唱一个。（待重复）

又唱了一个。（已重复）

再躺一会儿。（待继续）

又躺了一会儿。（已继续）

得出结论：

在表示动作重复或继续时，"再"用于未实现的，"又"用于已实现的。

20 年后，彭小川等（2004：122—123）发现下列材料：

> 明天又是星期天了。

> 下个月又该放假了。

> 你这样做，她又会生气的。

> 看来明天又要下大雨。

> 她家里出了事，明天又要请假。

> 听说他又要结婚了。

这些"又"用于将来的真实语料直接否定了吕叔湘（1984）的结论。彭小川等（2004）重新概括的结论是：

> "又"也可以用于将来，它使用的条件是：

> a. 用于将来肯定会出现的重复。

> b. 用于对将会重复出现的一种情况的估计。

> c. 用于表示由于客观的需要或主观的意愿，将要

重复出现的某种情况。

不难看出，这是一个充满矛盾的概括。b 是对 a 的直接否定，c 的表述不合逻辑，因为"客观的需要或主观的意愿"直接表明"又"的用法与主、客观无关。这就好比这样一个情形：男性公民和女性公民都有投票权，这等于说是否拥有投票权与性别无关。

"又"和"再"的用法至今没有一个语法学家能够说清楚。一个 5 岁的孩子却能够正确地使用它们，而语法学家始终接近不了母语者心中本有的那个规则。这也是整个汉语语法学的状态：概括出很多规则，竟没有一条是管用的！一个令人焦急的情况是：我们今天比以往任何时候都需要一部管用的语法学，

因为没有这样一部语法学，不同语言之间的机器翻译不可能准确译出作者想表达的意思（机器在没有规则指导的情况下不能决定用"再"和"又"中的哪一个去对译英语的 again），没有这样一部语法学，对外汉语教学也困难重重。

3.3 语法判断：对象必须符合感觉（语感）

通常认为，认识符合对象才是真理。康德说不是这样的，而是倒过来的：对象必须符合我们的先天认识形式——知性。通常把这个观点概括为：知性为自然立法。在康德自己看来，这是认识论领域的哥白尼革命。不得不承认，康德是深刻的；但康德的理论从来没指导过科研实践，在科学研究领域里起指导作用的一直是经验主义和经验主义的加强版——逻辑实证主义。认识的判断标准一直是对象：不管你做出什么假设，与对象不符就是无效的。语法研究则刚好相反，康德的原理在语法研究领域里是有效的，甚至可以说一直被实践着。为了便于对比，我们将自然科学研究领域里的要素与语法研究领域里的要素对齐，做一个比较：

自然科学研究系列　　　　　　　语法研究系列

研究主体——科学家　　　　　　研究主体——语法学家

研究对象——自然　　　　　　　研究对象——语言

研究目标——自然规律　　　　　研究目标——语言规律

判断标准——自然　　　　　　　判断标准——感觉（语感）

与一般科学研究不同，语法的最后判断标准是感觉（语感）。因此可以说，语法学家都是不自觉的康德主义者。

第 4 章　儿童语言习得

乔姆斯基普遍语法（一系列的原则和参数）天赋假说是基于幼儿语言习得的事实提出的，所以要了解乔姆斯基的思想核心，先要清楚被普遍承认的幼儿母语习得的一些事实。所以，本章主旨还不是正面阐述乔姆斯基的思想，而是铺垫性的。本章的内容主要包括对一些术语、概念、数据的说明和对儿童习得语法过程事实的描述；习得描述分为正常儿童口语习得和听障儿童手语习得。

4.1　语言习得与语言学习

（一）语言习得（language acquisition）：幼儿不经他人系统教授也没有经过自身有意识的努力学习而获得某种语言的过程[①]。

（二）语言学习（language learning）：经他人教授或经自身努力学习而获得某种语言[②]。

语言习得和语言学习最根本的差别是过程中是否存在有意识的努力。语言习得指幼儿第一语言的获得过程（汉族儿童学

[①]　McNeill 1970，Robert Lado 1977，Krashen，Stephen 1982.
[②]　McNeill 1970，Robert Lado 1977，Krashen，Stephen 1982.

习汉语），语言学习通常指第二语言获得过程（汉族儿童学习英语）。一个人的第一语言叫作这个人的母语，一个中国孩子如果从小在英国长大，他只会英语，那么英语就是他的母语。如果这个孩子在一个语言复杂的环境里长大，比如一个在英国读书的中国孩子，在家里时父母跟他说汉语，那他可能是双母语，有的甚至多母语。母语都是习得的。关于母语习得的其他情况我们在下面会详细讨论。

4.2　健全儿童习得母语事实数据

4.2.1　习得时间

下面是来自 Aitchison（2008：79）的一张图表：

图表 4 - 1

Language stage	Beginning age
Babbling	6 months
Intonation patterns	8 months
One-word utterances	1 year
Two-word utterances	18 months
Word inflections	2 years
Questions，negatives	4 years
Rare or complex constructions	5 years
Mature speech	10 years

说明：

（1）图表 4 - 1 给出的数据不是基于某种特定的语言，而是基于世界各民族的幼儿母语习得的调查数据。

(2) 图表 4 - 1 显示，在 12—18 个月之间出现单词句（One-word utterances）和双词句（Two-word utterances），调查结果表明在此期间，有的儿童单词多些（50 个左右），有的少些（5、6 个），平均 15 个，都是最常见的，如"爸爸""妈妈""玩具"，这个阶段词汇增长缓慢，孩子每增加一个单词，都会使父母为孩子的进步感到欣喜。此时，孩子的词汇表里没有虚词或词尾，语法习得还没开始[①]。

孩子到 2 周岁时开始进入双词句阶段（Two-word stage），两个词就有了组合，语法习得就开始了；到 2 岁半时，词汇开始激增（几百个），这时父母已经无法了解孩子到底会多少词了，他们只是对"孩子是什么时候学的这些词"感到不可思议和惊异。与此同时，另一个事实更加令人感到不可思议：他们说出的句子的长度不断增加，很快从 3 个词、4 个词增加到很多个词。虚词和词尾开始出现了，几个月的工夫，儿童就用到几乎所有母语的核心语法形式。所有类型的新结构都出现了——否定、疑问、从句——而且这些结构都被迅速地、充满自信地运用起来了。Steven Pinker（1994：269）对这种语法知识大爆炸式的发展有个形象的比喻：All Hell Breaks Loose。儿童语法发展得如此迅速，以至于使研究者应接不暇。一个叫 Adam（亚当）的男孩，他是 Roger H. Brown 教授的 3 个观察对象中语法习得最晚、最慢的。他在 2 岁零 3 个月时还只会说"Big drum"这样的双词句，3 个月后他已经能说出"Where Mommy keep

---

① Aitchison 2008：84.

her pocket book?"这么复杂的句子。下面是亚当3周岁零2个月时，观察者记录到的句子（Steven Pinker 1994：269-271）：

So it can't be cleaned? I broke my racing car.

Do you know the light wents off?

What happened to the bridge?

When it's got a flat tire, it's need a go to the station.

I dream sometimes.

I'm going to mail this, so the letter can't come off.

I want to have some espresso.

The sun is not too bright.

Can I have some sugar?

Can I put my head in the mailbox so the mailman can know where I are and put me in the mailbox?

Can I keep the screwdriver just like a carpenter keep the screwdriver?

一般儿童到5周岁时，连母语里不常用的复杂语法结构也能使用自如了。算起来，儿童从2岁开始进入语法习得期，到5岁结束，用时仅仅3年[1]。

Aitchison（2008：84）解释说，以上过程描述的只是平均值，事实上，不同儿童达到某个阶段的时间不可能是绝对相同的。哈佛大学 Roger H. Brown 教授对三个他不熟悉的孩子——

---

① Aitchison 2008：84，Trask R L 1995/2014：237.

Adam（亚当），Eve（伊芙），Sarah（萨拉）——做过精细的跟踪观察。伊芙在 2 岁之前就能说出这样的句子：

> I got peanut butter on the paddle.
>
> I sit in my high chair yesterday.
>
> Fraser，the doll's not in your briefcase.
>
> Fix it with the scissor.
>
> Sue making more coffee for Fraser.

而这时亚当还处在双词阶段。在三个被观察对象中，亚当的发展最慢，伊芙最快，萨拉居中。伊芙完成各阶段的语法习得仅用了几个月[①]。语法习得有早有晚，有快有慢；快的和慢的可以相差 1 年左右；但是习得过程中经历各阶段的顺序是绝对一致的（Pinker 1994：271）。一个被反复印证过的看法是：女孩比男孩早且快。

4.2.2　习得过程中的创新性

语言的创新性（creativity）是乔姆斯基的一个了不起的发现。创新性通常指人们能听懂和说出从未听过的句子，哪怕是非常奇怪的句子：

a. The elephant drank seventeen bottles of shampoo，then skipped drunkenly round the room.

（那头大象喝了 17 瓶洗发剂，醉得满屋子乱跳。）

b. The aardvark cleaned its teeth with a purple toothbrush.

（那个土豚用一个紫色牙刷清洁了它的牙齿。）

---

① Brown et al. 1968；Brown 1973；Pinker 1994：269.

说出这样的句子是创新，理解这样的句子也是创新。在这种意义上，乔姆斯基说，其实，人们使用语言的每时每刻都在进行语言创新。语言创新在儿童语言习得阶段尤为显著：

Don't broom my mess.

Mummy trousers me.

Pillow me.

(Clark 1982)

语言习得中的创新在听障儿童手语习得中表现得更为清楚，稍后有较详细的介绍。

4.2.3　语法习得关键期

关键期（critical period）思想是由 Lenneberg（1967）提出的，但学界流行的正式界定是 Marler（1987）给出的：

critical period：

A period of time with a distinct onset and offset during which experience can lead to learning by an organism；assumed to be innately programmed and irreversible.

（一个有清晰的起止点的时期，在这个时期内生物体可以借助经验进行学习，关键期被假定为一种先天的程序设定，这种程序具有不可逆转性。）

值得注意的是，Marler（1987）这个界定使用的是"organism"而不是"infants"或"children"，这意味着还不敢断言"关键期"仅属于人类，或许某些动物也有。

关键期就是学习有效期，在这个时期以外，无论多么努力，学习都无效。语法习得的关键期是 13 岁以内，这意味着，一个孩子如果在 13 岁之前与语言环境隔绝，他将终生无法习得语法，即便有高明的教师教授，即便自身非常努力，结果也不会改变。青春期开始之日，就是语言习得功能关闭之时[①]。这方面有大量的调查数据，我们列举几个案例。

（1）伊莎贝尔（Isabelle）案例

俄亥俄州女孩伊莎贝尔（Isabelle）是非婚生女，母亲是听障人士且有大脑损伤。在长达 6 年半的时间里，她和母亲被单独关在黑暗的、与语言隔绝的小屋里。6 岁半被解救后，她开始正常接触语言。她进步惊人——仅用 2 年时间就达到了一般孩子要 6 年才能达到的程度；到 8 岁半时，她在语言方面与同龄儿童已经没有区别。下面是研究者记录到的伊莎贝尔被解救 1 年半时说出的句子（Brown 1958：192；Pinker 1994：292；Aitchison 2008：91）：

Why does the paste come out if one upsets the jar?

What did Miss Mason say when you told her I cleaned my classroom?

Do you go to Miss Mason's school at the university?

这个案例说明：哪怕语言习得开始得晚，但只要在关键期内，习得语法就是没问题的。

---

① Lenneberg 1967：158，Aitchison 2008：90.

（2）吉妮（Genie）案例

吉妮出生在洛杉矶郊区，被精神异常的父母囚禁了整个童年，这期间他们不让她听到任何话语，也不允许她发出声音。1970 年她被解救出来时已经 13 岁。被置于正常环境里之后，她开始学习英语，从一词阶段很快进入两词阶段，还记住了几百个单词。然后她停滞了。后来她经过几年的强化训练，仍无进步。她的语言能力一直处于初级阶段，相当于两岁半孩子的平均水平。特别要强调的是，她学习单词的能力不弱于同龄孩子，吃力的是语法，她掌握不了组合规则。与她的缓慢而不全面的语言习得进步相比，她的智力发展似乎特别迅速，几乎达到了她的年龄应达到的范围。吉妮案例的意义在于：①它为语言习得关键期的存在提供了证据；②它为乔姆斯基关于语法习得能力独立于其他智力的观点提供了证据[1]。

（3）切尔西（Chelsea）的案例

切尔西出生在加利福尼亚北部的一个小镇，生而失聪，三十岁出头开始借助助听器学习英语，记忆单词的能力很好，但语法一团糟。

她经常说类似下面这样的句子（Curtiss 1988；Aitchison 2008：93）：

The woman is bus the going; orange time car in; banana the eat.

---

① Curtiss et al. 1974：529；Smith & Wilson 1979/1983：29-30；Trask R L 1995/2014：252.

吉妮和切尔西两个案例都说明，语法习得有关键期，而词汇没有，进而说明习得词汇和习得语法不是同一个机制。

此类案例非常多，不再列举。

4.2.4　语法习得的一致性

大量数据表明幼儿语法习得具有一致性（the uniformity of ability），突出表现在以下几个方面：

（1）智愚不异。有的孩子聪明些，有的孩子愚笨些，这在他们学习其他知识方面可能表现出巨大的差异，但是在母语语法习得方面却没有差别[1]。

（2）不因环境不同而不同。有的幼儿所处的语言环境好些，比如他身边人都很爱讲话，有的幼儿所处的语言环境差些，但这种差异不会影响语法习得进程。只要有人讲话，对幼儿来说就存在语言输入；语法习得与语言输入的有无有关，而与输入的多少无关[2]。

（3）不因生理条件不同而异。不管是听障还是言语障碍，或是既是听障又是言语障碍，只要在语言习得关键期内得到口语或手语的语言输入，习得结果与健全儿童相同[3]。

（4）习得程序的一致性。

跨语言的调查结果表明，儿童母语习得程序呈现出高度的一致性，儿童在母语习得的道路上都要依次走过相同的程序。

我们前边提到过 3 个孩子亚当（Adam）、伊芙（Eve）和萨

---

①　Chomsky 1986；Lust 2006：2；Aitchison 2008：20.

②　Lenneberg 1966：220；Lust 2006：2.

③　Kegl, Senghas, Coppola 1999；Lillo-Martin 1999；Lust 2006：2.

拉（Sarah），这 3 个孩子所处的语言环境各异，但他们习得语法的程序是完全一致的，Klima 和 Bellugi（1966）用 3 个孩子习得否定句的顺序很好地说明了这一点。否定句习得要经过三个阶段。

第一阶段：将否定词 no 或 not 置于肯定句句首：

No want stand head.

No Frazer drinking all tea.

No play that.

第二阶段：将否定词向句子里移动，并停留于第一个名词短语之后：

He no bite you.

That no mummy.

I can't catch you.

I don't sit on Cromer coffee.

第三阶段：将否定词继续向里移动，并停留在助动词或系动词之后：

You don't want some supper.

I didn't spilled it.

You didn't caught me.

I am not a doctor.

That was not me.[①]

以上习得程序被大量调查数据反复证明是普遍规律。有的

---

① Klima，Bellugi 1966：190-191；Aitchison 2008：131-132.

语言否定词不是附加在助动词上，而是居于助动词或系动词之前，如汉语，这个民族的孩子只需两个阶段。第一个阶段是将"不"置于句首：

　　不爸爸上班。

　　不宝贝洗澡。

第二阶段将"不"或"别"向句中移动，并停留于主语后：

　　爸爸不上班。

　　宝贝不洗澡。

4.2.5　语法教育的无效性

语法习得是幼儿自己的事，教育帮不上忙（Aitchison，2008：71）。下面这个案例来自 Braine 1971：161。一个做心理学家的父亲努力纠正其女儿"other ＋ one ＋ *noun*"这种语法错误。但工作无效，最后他无奈地放弃了：

　　Child：Want other one spoon，Daddy.

　　Father：You mean，you want the other spoon.

　　Child：Yes，I want other one spoon please，Daddy.

　　Father：Can you say "the other spoon"?

　　Child：Other … one… spoon.

　　Father：Say "other".

　　Child：Other.

　　Father："Spoon".

　　Child：Spoon.

Father："Other spoon".

Child：Other … spoon. Now give me other one spoon. [1]

下面这个案例来自 Cazden 1972：92。

Child：My teacher holded the baby rabbits and we patted them.

Adult：Did you say your teacher held the baby rabbits?

Child：Yes.

Adult：What did you say she did?

Child：She holded the baby rabbits and we patted them.

Adult：Did you say she held them tightly?

Child：No，she holded them loosely.

这种案例非常多，父母不厌其烦地反复纠正，结果毫无作用。这些问题到一定阶段会自动消除。几乎百分之百的父母在孩子语言习得中通过扩句（expansion）的方式引导孩子的语法发展。Cazden（1972）的调查结果表明，这种努力徒劳无益，父母希望的状态孩子会自然达到，但不是当下。对于此种情况，Nelson（1973：105）指出：强迫孩子模仿会导致令人沮丧的失败。不能像训练鹦鹉那样训练幼儿，絮絮叨叨地反复纠正甚至可能会破坏孩子获得语法的程序。

---

[1] Braine 1971：161.

4.3　听障儿童手语习得

手语（sign language）是最为世人所熟知的，研究最充分的手语是美国手势语（American Sign Language，简称 ASL），它有可与英语相媲美的丰富词汇和严密的语法规则系统。语言学家和心理学家进行听障儿童手语习得研究的初衷是想知道他们是否与健全儿童语言习得有共同的规律；如果有共同规律，那会不会比健全儿童的习得进展慢一些，因为从接受信息的数量和方便程度上看，耳朵显然优越于眼睛。研究结果令人吃惊：

如果有听障和言语障碍的儿童的父母也有听障和言语障碍，那么他们的孩子会跟着他们学习手语，学习手语的过程会经历和正常说话的孩子同样的发展阶段：单词和双词阶段，从早期的缺乏语法标记到快速、流利、自信地掌握整个手语的语法机制，等等。在我看来，手语的习得和口语的习得完全没有差别。

即使有听障和言语障碍的儿童的父母不精通手语，比如他们经常表现出不连贯或不准确的手语，有听障和言语障碍的儿童仍会完整地掌握手语——他们能够从低质量的语言表达里提取想要的规则，因此他们可以比他们的父母更好地使用手语。

如果父母完全不会手语，儿童依然能够掌握父母的手势，进而发展出自己的手语。[1]

---

[1]　Trask R L 1995/2014：264. 下划线为引者所加。

弗吉尼亚大学（University of Virginia）的邦维廉（John D. Bonvillian）教授与同事对 13 个习得美国手语的听障儿童和 18 个习得英语的健全儿童进行跟踪对比，他们发现听障儿童手语习得不仅遵循健全儿童习得口语的程式，而且在某些阶段还快于健全儿童[①]。

听障儿童手语习得最后还证明了语法习得关键期的存在。在听障儿童手语习得研究成果问世以前，人们用非正常环境下的儿童案例来论证语言习得关键期的存在（如"4.2.3"中吉妮和切尔西的案例），这种论证留下了巨大的质疑空间。有的学者指出，这种孩子不能习得母语也许是由于他们被虐待而造成的心智缺陷所致，关键期事实上并不存在。Newport 和 Ted Supalla 对 30 个成年听障人士做了跟踪调查，调查对象都在同一家社区学校上过学，都有 30 年或更久的学习美国手语的经历；但他们最早接触手语的时间不同。他们有的出生之后就有机会接触手语，有的是在 4—6 岁这个区间开始接触手语的，有的在 12 岁或更晚才接触手语。多项测试结果表明：越早越好，越晚越差。Newport 和 Ted Supalla 的研究证明了关键期的存在[②]。

最不可思议的是尼加拉瓜手语（NSL），它居然是由一群听障儿童自创的语言。以下介绍基于 Ann Senghas（哥伦比亚大学）、Sotaro Kita（布里斯托大学）和 AsliÖzyürek（奈梅亨大学）三位教授的一项合作研究，该成果发表在 2004 年 9 月 17 日

---

① Meier R P 1991.

② Meier R P 1991.

出版的《科学》（*Science*）杂志上。

　　由于人们普遍认为应该把听障人士限制在自己家里，因此1970年以前，尼加拉瓜听障人士之间几乎没有任何接触。在此种情况下，没有手语产生，他们也会用一些手势同家人交流，但这些手势极其有限又因人而异。到1977年，情况有了显著变化，政府在马那瓜市开办了一所特教小学，1981年又在该市开办了一所职业学校。进入学校的听障儿童从一开始的50名左右，发展到1981年的200名，而且在整个80年代一直在增加。一开始学校用读唇的方式教听障儿童说西班牙语，但收效甚微。让人意想不到的是，第一批听障儿童自创了一种手语互相交流，这种手语被每年到来的新生学习、使用，一届一届地传了下来。从此，尼加拉瓜有了自己国家的手语，至今已有800多名听障人士在使用这种语言，他们的年龄从4岁到45岁不等。这种语言的语法也是逐渐严密化的。令人惊奇的是，语法规则都是先出现在年龄小的听障儿童中，而后传到青年中，但不会出现在成人的手语中——居然是小的教大的！目前尼加拉瓜手语社团规模已经相当可观，用得最流利的是孩子，是那些新加入的学习者。

　　该论文考察的重点不是尼加拉瓜听障儿童之间能不能交流，而是他们的交流工具是不是手语。用手势（gesture）也可以进行简单的交流，但手势不是手语（sign language）。手语是语言，手势不是语言。我们健全人说话时通常也会伴随手势，但我们并不是在同时使用两种语言。考察一种交流信号系统是不是语言，主要有三项指标：

（1）有没有一套离散的单位（语素、词等）；

（2）这些单位能否按规则组合起来表示复杂的意义；

（3）组合有无层次性。

手势是囫囵表意的，它没有离散的单位，更没有组合。三位作者对尼加拉瓜儿童进行了严密的考核后宣布，尼加拉瓜手语（NSL）具备上述全部特征，是语言，而且是严格意义上的语言。

第 5 章　转换-生成语法对理性主义提供的支持

转换-生成语法是一个技术性很强的学说，系统地介绍它需要很大篇幅，加之本书的宗旨不是阐述语法本身，所以我们只对转换-生成语法诸项主张中具有哲学意义的部分进行阐述。因此，本章不拟系统介绍这个学说，只讨论它的哲学基础；但不能不介绍一下转换-生成语法的创始人——乔姆斯基。

5.1　乔姆斯基简介

艾弗拉姆·诺姆·乔姆斯基（Avram Noam Chomsky），1928 年 12 月 7 日出生在宾夕法尼亚州的费城，麻省理工学院语言学荣誉退休教授、美国科学促进会委员、全国科学院院士、美国文理科学院院士，是在语言学、心理学、语言信息处理、政治学等多个领域里具有巨大影响的著名学者。乔姆斯基从1945 年起在宾夕法尼亚大学师从哲学家 C. 维斯特·切奇曼（C. West Churchman）、尼尔逊·古德曼（Nelson Goodman）学习哲学，师从语言学家泽里格·哈里斯（Zellig Harris）学习语言学，这期间他还选修了数学、逻辑学等。乔姆斯基对哲学史和科学史有比较全面的了解，是少数具有哲学自觉和掌握自然科学方法论的语言学家之一。人类思想史上发生过三次思想革命：哥白尼革命，康德的哥白尼式革命，以及乔姆斯基对传统语法、结构主义语法的颠覆。

5.2　转换-生成语法的哲学基础：乔姆斯基的哲学立场

乔姆斯基认为语法在人脑中，它建构在一个独立的认知系统中，强调"独立"是要区别它与其他的认知系统，同时"独立"意味着与其他认知系统不相干，这一点被概括为语法的自足性或自主性。这一点是由儿童在学习语言和学习其他知识的过程中表现出来的显著差异得到的证明（关于这一点，我们会在后边展开）。这个系统由一些原则和备选参数构成，这些原则和参数是人类先天就具有的，它不因民族不同而不同，具有普遍性，因此这些原则和参数是人类共有的普遍语法（universal grammar）。普遍语法使后天的语言经验成为可能，进而使语言习得成为可能。

普遍语法是从哪里进入人脑的呢？乔姆斯基说它是生物遗传与进化的结果，他认为心灵并不是独立的实体，而是以物质（人脑）为基础。所以乔姆斯基提到心灵时通常将其表达为"mental/brain"，他认为研究心灵只是在比较抽象的层次上探讨大脑。

从哲学上给乔姆斯基定位很难，他受过不同哲学派别的多位哲学家的影响，他经常提到的有笛卡尔、莱布尼茨、康德、洛克、休谟、赫伯特等，但从未全面吸收过任何一位哲学家的思想。他把自己创立的语言学称为笛卡尔语言学，并且专门撰写了一本以笛卡尔命名的著作（*Cartesian Linguistics*：*A*

Chapter in the History of Rationalist Thought），可是他不采用笛卡尔的二元论，他是地地道道的一元论者，而且是唯物主义者。他承认笛卡尔的"天赋观念"，但不认为"天赋观念"是由上帝恩赐的，而是生物进化、遗传的结果，在这一点上他与达尔文进化论的本能观很接近。事实上，乔姆斯基毫不忌讳把语言能力看作人类的物种本能。认识论方面，他激烈地反对经验主义和行为主义，推崇理性主义，宣称自己是一个理性主义者。乔姆斯基对经验主义的批判，在笔者看来，是最为深刻的：

> 经验主义认识论在人类社会生活中的危害极大。
> 如果人真的生来大脑就是"白板"的话，那么，任何企图"塑造"或控制人们思想的行为，就都是正当的了。这正是法西斯思想的来源之一：认为人生来大脑白纸一张，思想完全由客体决定，可以由某一些人任意加以填充、涂抹、塑造、控制，这就是专制体制的理论根据。[①]

乔姆斯基认为经验主义不仅是错误的，而且是反动的。他确信有"天赋观念"存在，并认为"天赋观念"是一个有着自身内在结构的纯形式系统，只因这个系统的先天存在才使后天经验成为可能，同时承认这个先天系统要与后天经验结合才能起作用。从这些方面来看，他更像康德。乔姆斯基从笛卡尔那里吸收了"天赋观念"，从康德那里吸收了"纯粹形式"和"纯粹形式"是后天经验的前提的理念，从莱布尼茨"大理石纹路"

---

① 乔姆斯基 1975 年 10 月在法国若约芒举办的皮亚杰与乔姆斯基辩论会的发言。转引自吴道平 1995。

学说里得到很多启发，从达尔文那里吸收了进化论思想。乔姆斯基的哲学立场可描述如下：

1. 在本体论上是唯物主义的；

2. 在认识论上是理性主义的；

3. 对人类有无其他方面的"天赋观念"存而不论，但语言方面的"天赋观念"肯定是存在的；这个"天赋观念"就是普遍语法——一个由原则和参数构成的"纯粹形式"系统。

5.3　普遍语法假说提出的学术背景

20 世纪 50 年代的美国，统治哲学界的是经验主义或逻辑实证主义，主导语言学界思想的是结构主义（structuralism），在心理学领域则是行为主义（behaviorism）大行其道。结构主义回避语义，行为主义不承认心灵，二者的哲学基础都是经验主义。乔姆斯基在这样的背景下单枪匹马两面作战：既反对结构主义，又反对行为主义。乔姆斯基指出，结构主义语言学所做的只是对语言要素观察、分类，然后给每类贴上一个标签就算完成了对语言的研究，充其量叫作"分类语言学（taxonomic linguistics）"。众所周知，在任何一项研究中，分类都不意味着研究的完成，分类只不过刚刚做完资料工作而已，而真正的研究尚未开始。这样看来，结构主义语言学家只不过是一群资料员。乔姆斯基的批判使得刚刚战胜传统语法还沉浸在胜利喜悦中的结构主义语言学顿时名声扫地，以至于进入 80 年代以后再没有一个语言学家愿意承认自己是一个结构主义语言学家（包括反对乔姆斯基的语言学家）。20 世纪 50 年代，主宰语言习得领域的是斯金纳（Skinner）的行为主义理论，该理论认为语言习得是模仿和强化的结果。斯金纳用老鼠和鸽子的条件反射实验来说明儿童语言习得的机制。在他看来，儿童语言习得不过是通过"刺激—反应"建立起来的一套习惯，"儿童一开始是试着简单模仿成人说话的，如果模仿得对，他们会得到赞赏；如果模仿得不好，他们会被否定和纠正。这样持续下去，孩子会模仿得越来越好，直到没有什么区别，至此，儿童就掌握了语言。"① 行为主义语言习得观的要点是：（1）被动性，（2）模仿，（3）强化。

乔姆斯基 1959 年在 *Language* 上发表 "A Review of B. F. Skinner's Verbal Behaviour"（《对斯金纳语言行为的评论》），开始对行为主义语言习得理论进行清算。该评论具有划时代的意义，主要表现在三方面：（1）把斯金纳拉下神坛，令人信服地宣告行为主义不适合任何角度的语言研究。（2）开启了真正的语言习得研究，我们在第四章列举的一系列成果，都是在乔姆斯基那篇文章发表后取得的；在那之前，可以说，人类对自己的语言习得规律一无所知。（3）基于语法的复杂性和习得的高效性（rapidity），宣布理性主义的强势回归，在文章的最后一部分，乔姆斯基指出：

The fact of remarkable rapidity suggests that human beings are somehow specially designed to do this, with data handling or "hypothesis-formulating"

---

① 　Trask R L 1995/2014：234.

ability of unknown character and complexity ... In principle it may be possible to study the problem of determining what the built-in structure of an information-processing （hypothesis forming） system must be to enable it to arrive at the grammar of a language from the available data in the available time. (Chomsky 1959：577-578)

这段话的要点可概括如下：

①令人惊叹的语法习得高效性说明了人类天生具有习得语法的天赋。

②这种天赋使儿童具有对未知的复杂语法系统进行数据处理的能力或形成假设的能力，从而能在一段很短的时间内凭借有限数据习得一个复杂的系统。

5.4 普遍语法存在的证据

我们的目标是证明婴儿心灵并非白板一块，而是有先天的知识；若能够证明普遍语法存在，则先验知识就存在。

乔姆斯基用什么来支撑他的哲学主张，从而支持理性主义认识论呢？用普遍语法。普遍语法具有如下特质：

（1）普遍语法先于经验而存在，它使后天语言经验成为可能，从而使儿童母语习得成为可能。

（2）普遍语法既不是灵魂从天国带来的，又不是上帝恩赐的，它是物种进化和遗传的结果。

（3）普遍语法被后天遇到的语言材料激活，从而发挥它的功能。

（4）普遍语法不因种族不同而不同，人类拥有共同的普遍语法，这个普遍语法是各民族语法的基础。

（5）普遍语法不是一部现成的语法，而是一个参数待定的原则系统。

这些特征并不是基于一个语法实体的描写，也就是说，并不是乔姆斯基已经找到了普遍语法，然后通过对它的观察、研究总结出上述特点的。事实上，把普遍语法描写出来并呈现给人们始终是生成语法的工作目标，朝着这个目标的探索虽已开始，但收效甚微。普遍语法是人类共有的一个原则系统，检验这个原则系统的是各民族语法的共性——若一个原则被认定为普遍原则，那这个原则就应该在各民族语法中都有所表现。但到目前为止，生成语法学家虽一直孜孜不倦地工作，但由他们提出并成功通过各民族语法检验的原则寥寥无几。这样说来，上述对普遍语法特质的概括岂非空中楼阁？若普遍语法是纯粹想象的产物，那它为什么会有那么大的影响？既然有那么多学者相信它存在，并致力于建构这个系统，那一定是有一些说得过去的理由。这些理由来自对儿童语法习得的观察和对克里奥尔语的研究，下面我们逐项展开。

5.4.1　来自儿童语法习得的证据

在第 4 章我们已经粗略呈现了儿童语法习得的一些数据，但没有对数据进行分析，因为那只是为本节的展开所做的铺垫。

在本节，我们要对第 4 章的数据进行分析——指出它们如何支持了普遍语法的存在及其哲学意义。其实不仅是第 4 章，了解我们前面对语法和语法学的区分，以及语言习得和语言学习的区分，也都是理解本节内容的前提。

(1) 语法习得的柏拉图问题

知识论里边有一个令人困惑的古老问题——柏拉图问题 (Plato's problem)，其英语版本为：How is it that, given so little evidence, a man knows so much?[①]（为什么在证据如此之少的情况下，一个人却知道如此之多?）。乔姆斯基（1986）提出了语法习得的柏拉图问题：儿童在那么短的时间里，接触的语言数据那么有限，却能熟练掌握那么多语法规则，他们是怎么做到的呢？儿童的有限能力与经验跟语法习得的高效性（rapidity）之间的不平衡是怎么形成的呢？语法习得的柏拉图问题的要点是"少"和"多"的矛盾：儿童语言经验少，乔姆斯基（1980：43）称此种状况为刺激贫乏（poverty of stimulus），有时也叫输入贫乏（poverty of input）。第一语言习得调查数据显示，儿童在语法习得期间接触的语言数据是极其有限的，而且多半是有缺陷的，比如，大人在跟孩子交流时通常使用一种"妈妈语（motherese）"：

标准说法	妈妈语
吃饭	"吃饭饭"或"饭饭儿"

---

① 转引自 Chomsky (1986)。

出去散步	出去遛遛儿
睡觉	"睡觉觉"或"觉觉儿"
……	……

这种"妈妈语"结构简单、语句短小，很多时候不够规范。总之，对儿童的语言输入，数量既小，质量又差。"多"是指儿童习得的多——在很短时间内掌握一个语法系统。"4.2"的数据显示，幼儿从 2 岁起开始有双词句——开始有词语组合行为——开始语法习得，到 4 岁完成母语核心语法的习得，到 5 岁连不太常用的较边缘的规则也能熟练使用——完整地习得母语语法——用时 3 年。这只是较保守的平均成绩，有的孩子在几个月就完成语法习得，例如"4.2.1"介绍的伊芙。要知道，语法是极其复杂的系统，它复杂到难以想象的程度。语法就是组合成分之间的结构；结构包括结构关系和结构层次。一个人只懂单词不懂结构，说不成话；若不懂单词，只懂结构则听不懂话。所以乔姆斯基说语言操作（听和说）是以结构为本的（structure-dependent）。生成语法学派把语言操作称之为运算（calculation），非常贴切。单词就好比数字，结构关系则是运算法则（加减乘除等）。"5×3"和"5－3"使用的数字相同而运算结果不同是因为两个算式里使用的运算法则不同。与此相似，"苹果大"和"大苹果"单词相同，意义不同，因为词与词之间的结构关系不同（前者为修饰关系，后者为陈述关系）。结构层次就更抽象了，以"大木头桌子"为例，"木头"与"大"虽然相邻，却没有结构关系，因为二者不在同一个层次上。这个短

语的结构层次用树形图显示出来如图 5 - 1 所示：

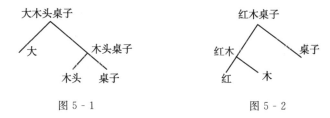

图 5 - 1   图 5 - 2

　　图 5 - 1 反应的结构层次是这样的："木头"与"桌子"在同一个层次上，二者组合为"木头桌子"，然后与"大"居于同一个层次，"木头桌子"，与"大"组合成"大木头桌子"。因而"大木头桌子"只能解读为"木头制的大桌子"而不能解读为"用大木头做成的桌子"，因为这样解读破坏了结构层次。这有点类似于"$a-b \div c$"这类的算式，它不允许你先运算"$a-b$"，因为 a 与 b 不在同一个层次上，不能运算，a 只能与"$b \div c$"的结果进行运算，它们在同一个层次上。图 5 - 2 分析的也是一个名词性结构，可是结构层次却不同。我们将图 5 - 1 和图 5 - 2 进行对比是为了显示结构层次的复杂性。儿童要理解一句话，不仅要理解这句话里的单词，而且要正确理解话里的结构层次和结构关系；而结构层次和结构关系是一套极其抽象而复杂的东西。为了验证儿童语言习得是不是依赖结构（structure-dependent），心理语言学家 Stephen Crain 和 Mineharu 在一家幼儿园做了个实验（乔姆斯基每提出一个思想，都有心理学家去做实验，但乔姆斯基自己从不做实验，他只提出思想），分别让 3 岁、4 岁、5 岁的孩子把"The boy who is unhappy is watching Mickey Mouse."（那个不高兴的男孩正在看米老鼠。）

变成疑问句。如果被测试的孩子们给出下列答案中任何一种，都说明儿童语法习得并不基于结构：

a. Boy the who is unhappy is watching Mickey Mouse?

（这个错句是模仿"She is a nurse→Is she a nurse?"得到的——将陈述句的第 2 个词前置于句首，这样做不必懂结构，会数数就可以做到。）

b. Is the who unhappy is watching Mickey Mouse?

（这个错句是按照这样的规则生成的：将陈述句的第 1 个助动词前置于句首。这样做不必懂结构，知道 is 是助动词并且会数数就可以做到。）

实验结果是，所有的孩子给出的都是正确答案——将主句的助动词（第 2 个 is）前置于句首：Is the boy who is unhappy watching Mickey Mouse?（参见 Pinker 1994：42）。要做对这道题的前提是：

①知道 is 是助动词（auxiliary）；

②知道陈述句变疑问句的方法是将助动词前置于句首；

③知道 the boy is watching Mickey Mouse 是主句，而 who is unhappy 是从句；

④知道在陈述句包含从句的情况下，将主句而不是从句里的助动词前置于句首。

⑤知道整个复合句内部的组合层次和组合关系。

乔姆斯基指出，大人普遍对孩子使用的"妈妈语"（motherese）简单、短小，孩子很少有机会听到"Is the doggie that is eating the flower in the garden?"这么复杂的含有 2 个助动词的句子——输入贫乏（poverty of input），可是一个 3 岁孩子仍旧能把这样的句子从陈述句正确地变成疑问句，这除了说明孩子有内在的语法原则，好像不可能有别的解释。

我们举这个例子意在说明语法有多么复杂；语法的另一个特点是其系统的庞大性，庞大到难以想象。Randolph Quirk，Sidney Greenbaum，Geoffrey Leech，Jan Svartvik 四位著名语言学家 20 年合作著成的 *A Comprehensive Grammar of the English Language*（《英语综合语法》，朗曼出版社，1985），A4 纸规格，1792 页，厚度达 8.2 厘米。更大块头的语法著作是著名语法学家叶斯柏森（Otto Jespersen）的《现代英语语法》，长达 7 卷，作者耗时 39 年也只写出 5 卷，最后 2 卷由助手完成。汉语里有一种句法成分叫补语，补语里有一个极小的类叫趋向补语，北京语言大学刘月华教授主编的《趋向补语通释》长达 56 万字，若把汉语语法所有问题都说清楚，要写多少卷不得而知，至今还没有人尝试过。这些数据足以说明一种语言的语法系统有多么庞大；而且，还必须指出，这样的皇皇巨著所描写的也只是一个以英语为母语的 5 岁孩子头脑中语法的一部分，而不是全部——不是完整的语法。

5 岁的孩子，论行为能力，不能完全打理自己的生活；论智力水平，两位数加减法对他们来说可能有困难。然而，不可思议的是，能力极为有限的儿童在输入贫乏的环境里，在没人教授的情况下，居然能在那么短的时间内（快的几个月，如伊芙；慢的 2 年，如亚当），完整拿下一个如此复杂而庞大的系统；更不可思议的是，儿童不曾有意识地学习它，复杂的语法知识居然是在那么短的时间内不经意地获得的；无论如何不得不说这是一个奇迹，并且这个奇迹需要一个合理的解释。从前，确切地说在 1959 年，乔姆斯基发表 "A Review of B. F. Skinner's Verbal Behaviour" 这篇论文以前，人们没思考过这个问题，认为这是一件非常自然的事，从没想过这里蕴含着什么意义。乔姆斯基对人类思想的首个重大贡献，是启发人们思考这个奇迹是如何可能的。Chomsky（1965：59）指出，没有理由"把这么复杂的人类成就整个地都归因于几个月（或至多是几年）的经验，而不是归因于几百万年的演化"。他认为在儿童头脑中先天地存在专门用来习得语言的东西，这种东西他形象地称为语言习得装置（language-acquisition device），这个语言习得装置就是普遍语法。乔姆斯基反复声明，这个作为语言习得装置的语法，不是一部现成的语法，不是哪个民族语言的语法，是人类共同的语法基础；各民族语言的语法都是在这个基础上发展而来的。普遍语法是一些原则和一些参数，原则不可违背，参数则可以选择。原则即各民族语法里都有的公共部分——不同语言里语法的共性，参数选择的不同成就了各民族语法的个性。这似乎不太好理解，不同语言的语法面貌迥异，怎么会有公共部分呢？迥异是表面；共同部分在深层，不能直接被感知。一座宫殿和一个猪舍看上去是那么不同，但是它们遵循的是同样的结构力学和材料力学原理，应用这两种原理可以设计出五花八门的建筑。普遍语法相当于结构力学和材料力学原理，而世界各民族的语法则相当于五花八门的建筑。普遍语法就是各民族语法背后的那个原理系统。儿童先天地拥有这个普遍语法，因此能轻松地习得第一语言的语法。由于普遍语法具有人类公共性，因此，即便一个中国孩子在美国长大，他也会与美国儿童一样，无差异地轻松地习得英语语法。这里要强调一点，我们一直在说语法而不说语言，因为语音和词汇不是遗传的，语音要一点儿一点儿模仿，单词要一个一个地学，没有先天基础。语法则不然，它有先天基础，它在后天有限的语言经验刺激下以顿悟的方式获得。语法系统之庞大，运算过程之复杂，与儿童习得之迅速之间的不对称为普遍语法的存在提供了强有力的正面支持。所有反对乔姆斯基的学者，都拿这些事实没有办法，所以普遍语法假设，在我们找到对上述事实的合理解释之前，我们无法否定它。若普遍语法存在，则天赋观念存在，如此，则莱布尼茨、康德等所坚持的理性主义认识论得到了强有力的支持。

普遍语法存在的证据还不止于此，下面我们继续呈现。

（2）习得过程中创新性的哲学意义

如我们在"4.2.2"中所述，语言习得的创新性指儿童能听懂和说出从未听过的句子，哪怕是非常奇怪的句子：

a. The elephant drank seventeen bottles of shampoo, then skipped drunkenly round the room.

（那头大象喝了17瓶洗发膏，然后醉醺醺地在屋子里蹦蹦跳跳。）

b. The aardvark cleaned its teeth with a purple toothbrush. （土豚用一个紫色牙刷刷了它的牙齿。）

这样的句子儿童肯定没听过，但他们能理解。

a. Don't broom my mess.

b. Mummy trousers me.

c. Pillow me. [1]

这 3 个句子不会出现在儿童的语言环境中，但却出现在儿童的话语中，它们完全属于儿童自己的创新。

更有力的证据是我们在"4.3"中介绍的尼加拉瓜手语，居然是在没有任何指导的情况下由一群听障儿童自创的。只要把一群听障儿童聚集在一起，语言会自然出现，"如语言学家瑞·贾肯道夫（Ray Jackendoff）所说的，儿童寻找语言，他们先寻找口语；如失败了，就寻找手语；如果还是不行，就寻找生活环境中任何与语言相似的东西，然后尽他们最大的努力把这些东西变成一种完整的语言。这是一个令人惊叹的结论，但有很多证据支持它"[2]。

语言习得创新性的哲学意义在于：

a. 直接否定了经验主义和行为主义语言习得观。我们曾在"5.3"中把行为主义语言习得观要点概括为被动性、模仿、强化。创新性说明儿童习得语言的过程并不是被动的，他们是主动寻找，而非被动接受的，也不是一味模仿。如果儿童习得语言的过程是模仿的，那儿童应该是教什么会什么，不教的不会，而事实并不是这样，儿童一直在创新。

b. 儿童不会凭空创新，他头脑中肯定有创新的工具。有的学者不承认普遍语法先天存在，但承认儿童先天地存在处理语

---

[1] Clark 1982.

[2] Ray Jackendoff（1993），转引自 Trask R L 1995/2014：264。

言数据的能力。这就回到洛克那里去了。能力若不是空中楼阁，它必须有所凭据。头脑的工作，不凭借原则、范畴，它能依赖什么呢？

经验主义的说法是，人的一切知识不过是对客观世界的感觉、反映、抽象和概括。提出这种主张的人却没有稍稍深入想一想，既然要抽象、要概括，那人就得有从事抽象概括的工具，比方说，形式逻辑。这工具又是哪儿来的？如果形式逻辑也是从客观世界抽象出来的，那我们又靠什么去抽象形式逻辑？世界上并没有一个叫形式逻辑的具体实物，可以一下子"印"在我们的"白板"大脑上！因此，我们在逻辑上不得不接受，在我们开始整理客观世界信息之前，我们必然已经具有一套知识，使得我们的信息处理得以可能。[①]

（3）语法习得关键期的存在说明了什么？

语言由语音、词汇、语法三部分构成。事实证明，语音、词汇没有关键期，什么时候开始学都可以，唯独语法，青春期以后就很难习得了。如果一个孩子在 13 岁以后才开始接触语言刺激，那他可以很快掌握语音，可以背会很多单词，但就是说不成话（只能说两三个单词的电报语）。"语法习得有关键期"是一个被反复证明过的命题，特别是听障儿童语法习得的证据最能说明问题。

---

① 转引自吴道平（1995）。

　　语法习得有关键期能说明什么呢？说明了语法的自足性（autonomy）。乔姆斯基一直认为语法在人脑中是一个自足的认知系统。自足意味着与其他认知系统无关，也不受其他系统影响。乔姆斯基认为人有先天的语法知识（普遍语法），但不认为在其他方面也存在先天知识。语法习得关键期证实，语法习得与其他知识的学习有差异——其他知识没有关键期。如果学习几何、代数、物理、化学、哲学、历史……18 岁的青年肯定比 3 岁孩子效率高，但如果把他们同时投放到一个非母语环境里，结果就要反过来。3 到 6 岁的孩子会习得全部语法，而 18 岁的青年终其一生也无法学会那种语言的全部语法。笔者努力学习英语 20 多年，每当提笔写作，反复翻查工具书以确定某个单词是否可以如此使用，句式选用是否恰当，表达是否有歧义。相信学过外语的人都有同样的想法。一位同行，在美国大学里学习、教书 20 余年，谈及此事，他竟有与笔者一样的苦恼，他一语道破症结：我们对外语永远没有语感，永远没有判断能力，只能听话学话，永远不可能创新。语法的本质就是语感，人对母语有语感，对外语没有。笔者对此深有同感。Quirk et al（1985：216）说，当飞机即将起飞时，通常机长会把本次旅行做一个简单描述，说及飞行高度时，他会对乘客说 a 句，而不是 b 句：

　　　　a. We'll be flying at 30,000 feet.

　　　　b. We'll fly at 30,000 feet.

　　作者说，如果乘客听到的是 b 句，会立刻感到不安，心理会产生这样的困惑：机长为什么会做出这样的决定？要试验飞机性能吗？如果乘客听到的是 a 句，就完全不会在意，因为 a 句传达的意思是 30,000 feet 是一个常规飞行高度。阅读到这里，我不禁有些沮丧，因为对这两个句子的差异完全没有感觉。作者说使用 a 句是为了 "avoid the interpretation of volition, intention, promise, etc.（避免乘客把在 30 000 英尺高度飞行解读为机长自作主张）"。作者的意思可概括为：使用将来进行时意在取消主观性，凸显规律性和规则性。想了解这一点，母语者靠语感，非母语者靠别人告知。

一个 3 岁孩子不管到了哪个国家，那里的语言都是他的母语（他可以有几种母语），他以"刺激—顿悟"的方式获得语感，而那个 18 岁的青年必须像学几何定理、物理定律一样，一条一条地学习，所以他会的必定是有限的；最要命的是他永远比那个孩子缺一样最重要、最核心的东西：语感。

语法习得关键期的存在说明了语法作为一种知识的特殊性，这一点至少为语法自足性提供了一个旁证。

（4）语法习得的一致性的哲学意义

我们在"4.2.4"中介绍"语法习得的一致性"时是从四个角度阐述的：①智愚不异；②不因环境不同而不同；③不因生理条件不同而异；④程序的一致性。

"智愚不异"似乎可以用来支持经验主义，大家生来都是一块"白板"，起点绝对一致，本就无智愚之别，所以才会不异。可是，这个论证站不住脚，因为它在其他知识领域里有异：不管哪个学科，同一个老师教的学生，他们的成绩会不一样。为什么习得语法就没有差别，因为大家遗传了同一个东西——普遍语法。母语语法，大家都没有可能学习，也没人能教，儿童都是不经意地获得的。因而，"智愚不异"支持了普遍语法的先天存在，支持了理性主义。

"智愚不异"是从人的内在条件方面支持了普遍语法先天论，"不因环境不同而不同"则从外在环境角度支持着同一个理论。首先，语法习得不因环境不同而不同有力地反驳了经验主义和行为主义的语言习得观。若经验主义和行为主义是正确的，那么环境就太重要了：刺激来自环境，刺激得多，则习得的多；而事实远不是那么回事。其次，说明语法不是环境给的，与环境差异无关；那么它只能是天赋的。

"不因生理条件不同而异"是指听障和言语障碍儿童与健全儿童相比，虽然生理上具有缺陷，但习得语法却无差异，使用手语的孩子在语法习得方面一点儿也不比健全孩子慢。这种同步性只能解释为先天的齐一性：大家生来拥有同一个普遍语法，听障和言语障碍儿童虽然身体有缺陷，但普遍语法这部分先天知识却不比正常儿童少。语法习得不因生理条件不同而不同，为普遍语法的存在再添一个证据。

"程序的一致性"似乎可以用语法系统内在的结构性来解释：疑问句、否定句是从肯定句变化而来的，肯定句更基础，所以先习得肯定句，后习得疑问句和否定句；就像面积计算一样，三角形面积计算要以长方形面积计算为前提，所以要先学习长方形面积如何计算。可是，知识的内在结构无法解释为什么在语法习得中儿童犯的错误也具有一致性，为什么那些错误是儿童无法绕开的。比如否定句的习得，为什么孩子都要犯前两个阶段的错误［参看 4.2.4 之（4）］？普遍语法理论能够回答这个问题。乔姆斯基认为，普遍语法由一套原则和一系列备选参数构成，原则是必须遵守的，参数是可以选择的。我们以否定句为例来说明这层意思。否定句必须由肯定命题加否定成分构成，这是原则。但否定成分出现在句子的哪个位置则属于参数，是可选择的。比如参数表中有下列选项：

a. 出现在句首；

b. 出现在句尾；

c. 句首、句中都出现；

d. 出现在句中且居于助动词之后；

e. 出现在句中且居于助动词之前。

参数表[①]中所给参数在实际语言中均有体现。非洲的豪萨语使用句首否定词"ba"（参数 a）和首尾重复否定"ba … ba"（参数 c），我国的少数民族语言布央语，否定词位置在句末（参数 b）[②]，英语否定词出现在句中且居于助动词之后（参数 d），汉语否定词出现在句中且居于助动词之前（参数 e）。

原则与参数系列都是先天给定的，选择不同的参数形成不同民族的语法。儿童的任务只是后天在母语语言材料刺激下从参数表中选择一种与自己的母语一致的参数。他在选择参数的时候，未必一步到位，欧美儿童都经历了三步：将否定词置于句首，将否定词置于主语后，将否定词置于助动词后。必须强调的是，这三种选择都是普遍语法允许的选择（参数表上都

---

① 这里只是举例性质，并非否定参数表中全部选项。

② 引自刘丹青（2008：140-141）。

有），所以，从普遍语法的观点来看，欧美儿童否定句习得的前两步就其性质来说，并不是犯错误，而是在普遍语法允许的范围内寻找合适参数的尝试。儿童不会犯参数表中不允许的错误。如此看来，错误的一致性也是先天规定的——为普遍语法的存在又添一证。

（5）语法教育无效性的哲学分析

我们在"4.2.5"中呈现过儿童语法习得期间教育无效性的事实，父母或身边人总是想让孩子像大人那样说话，从语法方面帮助他们完善他们的话语；可是，无数实例表明：没用。孩子会照常自说自话，大有"我的语法我做主"的架势。然而，到了一定阶段，儿童的语法错误会自动消除。

语法习得教育无效性对经验主义和行为主义习得观构成了最直接的挑战。如果说儿童心灵原本是一块"白板"，通过后天刺激在这块"白板"上写别的知识也许可以，写语法则不行。这一方面说明经验主义和行为主义习得观解释不了习得事实，另一方面为乔姆斯基语法自足自主的观点提供了一个佐证。一段时间以后儿童的语法错误会自动消除，则表明了一个参数选择过程。

（6）听障儿童手语习得事实对理性主义认识论的支持

我们在"4.3"里简略介绍了听障儿童手语习得的基本事实，其要点为：

a. 与健全儿童的一致性（包括走过每个阶段的顺序及每个阶段所经历的时间）；

b. 惊人的创造性；

c. 创造的低龄性；

d. 后天语言刺激为零。

乔姆斯基（1980）儿童语言习得刺激贫乏论（poverty of stimulus），有时也叫输入贫乏（poverty of input），这个命题曾被一些学者质疑，他们认为儿童每天从周围人那里听到很多话语，因此刺激贫乏是一个伪命题。由于无法计量儿童在习得过程中听到的话语总量，即便辩驳，没有过硬的数据也是没有说服力的。但尼加拉瓜听障儿童的案例却暗示了这样的结论：后天语言刺激的量并不重要，语法习得不需要大量的刺激。

尼加拉瓜听障儿童的案例具有深刻的哲学意义。听障儿童生活在一个寂静的世界里，有声语言给予听障儿童的刺激为零。1977 年以前尼加拉瓜没有手语，因此那里的听障和言语障碍儿童接受手语的刺激也没有可能。读唇法（lip-reading）能帮助已经掌握语言的后天失聪者接收信息，对先天听障儿童则完全没有意义。在外部刺激为零的情况下，尼加拉瓜听障儿童自创了一种语言。这种语言的根据不来自外部，那我们只能向内部寻找。结论不言自明：儿童有先天的观念——普遍语法。尼加拉瓜听障儿童的案例是支持普遍语法最有力的证据，是支持理性主义最有力的证据。

不妨设想这样一个实验，让一群健全的孩子在他们出生之后就生活在语言真空里——接触不到任何语言——使后天语言刺激为零。他们肯定不会说世界上任何一种已经存在的语言，但有理由相信，他们会自创一种有声语言，而且是真正的语言。理由就是，听障和言语障碍儿童能做到的，健全儿童一定能做到。听障和言语障碍儿童因为没有听力，创造的是手语，健全儿童有听力，他们会创造有声语言；因为声音比手势来得方便。

基于上述理由，我们需要重新评估后天语言刺激的意义：

后天语言刺激是儿童习得现存某种语言（婴儿周围的语言）的条件，不是儿童获得语言的条件。

我们说的这种实验，今天当然是不能实施的，因为那样做太残酷；但类似的实验在历史上实施过不止一次，结果都失败了。考虑到了解这些历史的学者也许会拿出这些案例来反驳我们的观点，这里也对历史文献中有清晰记载的可信案例做一个介绍，并做一些分析，以明了它们不构成我们上述观点的反例。

普撒美提科斯案例：

据希罗多德《历史》第二卷记载，公元前 5 世纪中期，希罗多德游历到古埃及孟菲斯城的海帕伊司托斯神殿时，那里的祭司给他讲了一件事。

埃及国王普撒美提科斯（Psammetichus，664—610 B. C.）和埃及人都相信他们是最古老的民族。为了证明这个猜想，国王想出了这样的一个办法：他把两个新生儿交给一个牧羊人，叫他把他们带到偏远的牧场哺育，让他们睡在没有人去的屋子里面，在喝奶的时候才把山羊牵到他们那里，叫他们把奶吃饱，在其他的方面也都对他加以照顾，但不许让他们听到任何话语。普撒美提科斯这样做是想要知道，在婴儿不清楚的牙牙学语时期过去以后，他们第一次说出来的话是什么。牧羊人完全按照他的命令去做了，两年后的某一天，当他打开他们房间的门走进去时，两个孩子都伸出双手向他跑来，嘴里清晰地发出了"Bacos"。当他们刚刚这样说的时候，牧羊人还没有注意，但是后来在他每次来照顾他们的时候，他听到他们嘴里总是说这个"Bacos"。最后他把这事报告给了他的主人，主人报告给了国王，并遵照国王的命令把两个孩子带到了国王的面前。于是普撒美提科斯亲自听到了他们说"Bacos"这个音，他着手调查什么民族把什么东西称为"Bacos"。结果他发现普里吉亚人（Prigians）的语言里有"Bacos"这个词，意思是"面包"。从这一事实加以推论，埃及人便放弃了先前的说法，并承认普里吉亚人是比他们更加古老的民族。（引自希罗多德《历史》第二卷；Sułek，Antonl 1989。）

比希罗多德早大约半个世纪，古希腊米利都学派的赫卡泰奥斯（Hecataeus）是与普撒美提科斯同时代的人，他也记录过这件事，他也是从埃及人那里听说的。这件事的可信度很高，下面就这件事来做一些分析。

A. 两个儿童在满 2 岁的时候说出"Bacos"。2 岁开始说话，在正常环境里也不算太晚，何况是在语言被屏蔽的情况下，这一点合情合理。

B. 两个儿童多次发出同一个"Bacos"，这说明"Bacos"是一个稳定的东西，它一定代表着什么意思，这个意思是在两个孩子之间约定的。"Bacos"到底代表什么意思，可以结合语境做一些合理的猜想。他们是在这样的语境里发出这个音的：On his one day opening the door of their room and going in, the

— 74 —

children both ran up to him with outstretched arms，and distinctly said "Bacos"①。牧羊人进门，他们跑向牧羊人，同时向牧羊人伸出双臂，并说 "Bacos"。这里 "Bacos" 是被当成一句话来说的，当然可能是个独词句。它的意思有如下可能：

a. 他们给牧羊人起名叫 "Bacos"。

b. 你可来了！

c. 抱抱我吧！

d. 我饿了。

……

无论如何 "Bacos" 不可能是 "面包" 的意思，因为文献上说两个孩子每天喝鲜奶，估计连见也没见过面包，而词汇又是无法遗传的。这个音与普里吉亚语的 "面包" 读音一致应是巧合（普撒美提科斯显然没有想到这一层）。

C. "Bacos" 代表一个意义，说明语言的创造已经开始了，普撒美提科斯的实验过早地结束了。正常环境里的孩子在 2 岁的时候多数都还没开始词语组合，单词从 7 个到 50 个不等。实验在他们 2 岁时结束了，没给他们创造语法的机会；如果再持续 3 年，两个孩子创造一种完整的语言也是有可能的。

腓特烈二世案例：

马其顿帝国的腓特烈二世，将一些婴儿（数量不详）从他们母亲那里抱走，命令照看这些婴儿的保姆从生活的各方面照顾好这些婴儿，但绝对不可以跟他们说话。他想通过这种方式

---

① Sułek，Antonl (1989).

了解这些婴儿开口说话时，是说哪种语言（希伯来语？希腊语？拉丁语？阿拉伯语还是他们父母的语言？）。但最后证明他徒劳无功，因为这些孩子都死了。对此，Sułek（1989）指出："没有拍手，看不到任何手势、表情，没有温存的安慰，在这种情况下他们是不能存活的。"

分析：这个实验持续时间不详，不能作为有效证据。

阿克巴案例：

印度国王阿克巴（Akbar，1542—1605）相信人出生以后有一种自然倾向，他想通过婴儿实验了解人类本性倾向哪个宗教、哪些信条。为此，他把 20 个婴儿从他们母亲那里抱走，集中在一个极其偏僻的没有人烟的地方，由严格训练过的几个保姆照看。保证一切生活供应，但绝对不许孩子听到话语，哪怕一个词，因此把他们生活的那个房子叫作哑房（Dumb-house）。三四年以后，这些孩子都成了哑巴。

这个案例离我们最近，且对我们的观点威胁最大。20 个儿童在一起，到了三四岁都成了哑巴！对比一下这三个案例，或许会得到一些启示。

在普撒美提科斯案例里，两个孩子的看管人是兼职的，他的主业是牧羊，到孩子喝奶的时候才带着奶羊跟孩子见面，而后离开，两个孩子在绝大多数时间里是独处的、自由的、无人监视的。他们既没死去，又没有变成哑巴，并且还在 2 岁时创造了一个"Bacos"——语言创造已经起步。

在腓特烈二世案例里，被实验的孩子们是由几个专职的"foster-mothers and nurses"来照看的，她们整天面无表情，不哼不唱，不逗不哄，别说孩子们，就是一个成年人，分分秒秒都处于这种阴森恐怖的氛围中，恐怕也活不了，更别说创造什么语言了。

在阿克巴案例里，孩子们的情形与腓特烈二世案例里的孩子相似，日夜由一组专职的"well-disciplined nurses"监管着。这些保姆在长达三四年的时间里见不到外人，不许哼唱、说笑，没有任何娱乐，心情抑郁，能指望她们有好的态度和表情吗？20 个孩子在这些人的日夜"照顾"下，没有死去已属万幸，遑论语言创造了。

A Senghas et al.（2004）在介绍尼加拉瓜听障儿童手语产生过程的时候强调"students continued their contact outside the school hours"，课外时间里没有老师的管束和干涉，自愿聚集在一起的听障儿童无拘无束、自由自在，这才有可能创造语言。据此，可以得出儿童创造语言的必要条件：

a. 儿童必须聚集在一起；

b. 儿童必须在无干涉的、愉悦的氛围中发挥他们的创造才能；

c. 时间不能太短，至少要有 4—6 年的时间。

现在我们可以对上述三个案例做出统一解释了：腓特烈二世案例和阿克巴案例里的孩子没有创造出新的语言，因为他们都缺少条件 b，而普撒美提科斯案例里的孩子则缺少条件 c。

（7）来自克里奥尔语的证据

先天普遍语法存在，除了以上证据，来自克里奥尔语（Creole）研究提供的证据也是不可忽视的。一群操着不同语言的人因某种原因聚集在一起，并在一起工作、生活，他们如何实现交流呢？这并不是一个无端的假设，这种事情历史上曾大量地发生过。16世纪初，新航路开辟以后，西班牙、葡萄牙、英国、法国、荷兰等列强争相在该地区建立殖民地，开辟了大量种植甘蔗、烟草、水稻的庄园。欧洲人的屠杀和他们带去的传染病使当地土著人口所剩无几，欧洲白人因为那里天气炎热和庄园工作过于艰苦也胜任不了种植园里的工作。农业劳动力的需求直接催生了"黑三角贸易（黑奴贸易）"。欧洲的奴隶贩子深入非洲，用盐、布匹、酒等与当地人换取黑奴，或直接捕捉黑人，然后把这些黑人卖到加勒比地区殖民者的庄园里做苦力。庄园主在购买黑奴时故意将来自非洲不同地区和部落，语言不通的黑奴搭配购买，以使他们难以谋划逃跑、怠工之类的事宜。这样，操着不同语言的非洲人就在同一个庄园里一起劳动、一起生活。在约300年的时间里，加勒比地区黑人人口比例达到90％。在一个庄园里有多种语言，首先是欧洲白人管理者的语言（英语、法语、荷兰语、西班牙语、葡萄牙语等语言中的一种），其次是来自黑奴的语言，几乎每个黑奴说一种语言，这些语言不能相互沟通。但是毕竟工作中的沟通是必要的，于是在他们中间产生了一种后来叫作皮钦语（pidgin）的语言。皮钦语是一种严格说来算不上语言的混合语，其词汇来自以这种"语言"为交际工具的人的母语，通常来自白人管理者的词汇占比最高。皮钦语基本没有语法，只能用于工作、生活中的简单沟通，无法表达复杂的思想。这是第一代黑奴的语言生活状况。奴隶主需要这些黑奴就地繁殖，以便获得更多的劳动力；

所以他们很快就有了后代。第二代黑人出生以后面对的就是皮钦语，不能称为语言（因为基本没有语法）的皮钦语成了这一代黑人的母语。这时就发生了一个不好解释的变化：从这一代黑人口中说出的居然是与环境向他们输入的语言不同，这种语言叫作克里奥尔语（Creole）。克里奥尔语有语法，是一种真正的语言。这又是一个由儿童创造语言的实例。要强调的是，这不是一时一地的特例，仅加勒比地区就有几十种克里奥尔语，澳大利亚、阿拉伯地区等都有大量的克里奥尔语，它们都是由以皮钦语为母语的儿童创造出来的。近些年最为人们所熟知的是夏威夷克里奥尔语，对它的研究出了很多成果。值得深思的问题是：这些儿童是怎么做到的？这样的事情，他们的父母为什么没有做到？语言学界主流的解释是：儿童有先天的语言习得装置（language acquisition device）——普遍语法，输入的不规则材料经过这个装置的整理，条理化了、严密化了、语言化了。这个语言习得装置我们很难触及，但这个道理不难理解：如果一堆破铜烂铁从一个房子的前门送进去，从后门出来成型的钢材，那这个房子里肯定有炼钢炉。

更不可思议的是，世界各地的克里奥尔语的语法拥有相当可观的共性。根据 Bickerton（1981，1984），世界各地的克里奥尔语至少在以下 13 个方面表现出语法共性：

① Movement rules；

② Articles；

③ Tense-modality-aspect（TMA）systems；

④ Complementation；

⑤ Relativization；

⑥ Negation；

⑦ Existential and possessive；

⑧ Copula；

⑨ Adjectives as verbs；

⑩ Questions as statements；

⑪ Question words；

⑫ Passive equivalents；

⑬ Serial verbs.

（Bickerton 1981，1984；Siegel J 2000）

天各一方的克里奥尔语创造者未经协商而创造出的产品具有共性，这个共性的根据是什么呢？除了说明他们大脑中共同的装置使然，恐怕也难有其他解释。

5.5 小结

这一章里，我们对第四章呈现的来自儿童母语习得的各种证据从哲学角度做了细致的分析，并补充了来自克里奥尔语的数据，我们认为这些数据从各种角度支持同一个结论：先天普遍语法确实存在，从而"天赋观念"存在。这样就有力地支持了理性主义认识论。

第 6 章　普遍语法的生理基础

6.1　基于普遍语法的两个推论

乔姆斯基认为普遍语法作为一套"原则—参数"系统先天地存在于新生儿的头脑中，是几百万年物种演化的结果，语法习得因为有先天基础，而独立于人的其他认知系统，具有自足性和自主性。凭着这些断言，我们可以合法地做一些推论：

a. 如果真的是遗传了普遍语法，并且它与其他智力有差别，那么普遍语法应该有个生理基础，也就是说，大脑应该有一个部位专司语法的习得与运用——这个部位正常，则语法能力正常；这个部位有问题，则语法习得与运用皆不可能。

b. 遗传信息是刻写在基因上的，普遍语法一定是由某条基因负责的。如果这条基因出了问题，那语言障碍就可以遗传了。

如果以上两个推论可以得到经验数据的证实，则普遍语法在生物学上得到落实，这无疑证实了先天普遍语法的存在，从而为"天赋观念"的存在增添了新的证据。

6.2　相关经验数据

事实上，支持上面推论的经验数据很早就出现了，只是当时还没有转换-生成语法这样的理论，人们也没有意识到这种数据的意义。

6.2.1　来自失语症的经验数据

19 世纪人们就发现脑损伤会导致语言障碍。1864 年，法国外科医生保尔·布洛卡（Paul Broca）公布了他基于 8 例此类患者的观察报告。他们的共同症状是语言混乱，他们还记得一些词汇，但语法能力完全丧失。他们吃力的话语中完全见不到 of、at、on、if、to 之类的语法词（虚词），更没有任何形态标记（表示可数名词复数的-s，表示过去时的-ed，表示进行时的-ing等）。解剖报告显示，这 8 个不幸的人脑损伤在同一个部位。后来医学界把大脑的这个部位叫布洛卡区（Broca Area），把这类语言障碍叫作布洛卡失语症。1874 年，德国医生卡尔·韦尼克（Carl Wernicke）报告了另一种失语症，其症状为：听不懂别人的话语，他们可以很流利地"说话"，但没人能理解他们在说什么。这种失语症的脑损伤也在同一个部位，医学界将这个部位命名为韦尼克区（Wernicke Area），这种语言障碍叫作韦尼克失语症。

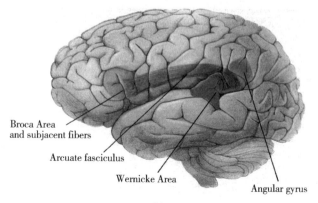

Broca Area
and subjacent fibers

Arcuate fasciculus

Wernicke Area

Angular gyrus

这两种失语症的差别是：布洛卡失语症失去了语法，韦尼克失语症失去了词汇，因为即使是说独词句他们也不懂。两种失语症的语言学意义是：语法和词汇在大脑中处于不同位置——二者都有专司的区域，这为语法的自足性提供了可能——没有独立的位置，未必有独立的性质[①]。

6.2.2　来自威廉姆斯综合征的经验数据

威廉姆斯综合征（Williams syndrome）从另一个角度提供了证据。此病患者智力发育迟缓，即使到了很大年纪，还是不能计算"2＋2"，不能系鞋带，不能自己吃饭，而且都有明显的空间认知障碍，但他们能掌握语言，词汇量很大，语法很好，能轻易构建很复杂的句子。他们语言上完全没有问题，而且极爱说话。从语言习得和运用上看，他们完全是健全人，然而这种人必须在特殊的医疗机构里度过一生[②]。威廉姆斯综合征几乎完全摧毁了一个人的智力和认知系统，但却保留了语言功能，这说明语言系统确实是独立的、自足的。

6.2.3　来自发育性语言障碍的经验数据

来自失语症患者的医学数据证明了第一个推论；发育性语言障碍（developmental dysphasia）的数据证明了第二个推论。发育性语言障碍是遗传性语言障碍，患者具有正常的智力和听觉，大脑也没有受过损伤，但他们的话语中有词汇没语法，而且终生不能习得语言。蒙特利尔大学默娜·高普尼克（Myrna Gopnik）教授的团队于 20 世纪初调查了英国的一个家族，该家

---

① Geschwind (1970)；Goodglass and Geschwind (1976)；Zurif (1980).
② Trask R L (1995/2014：254-255).

族 30 个人中有 16 人患有发育性语言障碍。这 16 人跨越 3 代：祖母患有发育性语言障碍，子辈中的 4/5，孙辈中的 11/24 都不幸遗传了发育性语言障碍。他们表现出同一个症状：说话慢而吃力，话语中充满语法错误，不能区分语法形式的正确与否，不能使用虚词和词尾。高普尼克认为这种能力缺陷是由某种显性基因缺陷造成的，这些人都继承了同一种基因缺陷[①]。普遍语法保证人类能够习得语法，如果恰巧是刻有普遍语法的那个基因出了问题，又恰巧这个基因是显性的，那么遗传了这个基因的后代没有习得语法的工具，因此无法习得语法。这种解释，虽然仍属于猜测，但可信度很高。

我们用 Trask R L（1995/2014：258）的一段话来结束本节的讨论：

> 乔姆斯基的天赋假设仍存在很多争议，但大量不断出现的令人印象深刻的证据表明，他是对的：我们独一无二和令人惊叹的语言功能是其他生物所不具备的，其产生是我们远祖进化的结果。如同鸟的翅膀和导航系统、蜜蜂的舞蹈、蝙蝠的声呐回声定位，我们现在有强烈的感觉，我们的语言功能内嵌在我们的基因里。

---

① Bower（1994，1995）；Trask R L（1995/2014）.

第 7 章　简短的总结

本书的主旨是用当代语言学理论、数据证明婴儿出生后心灵不是一块"白板"，而是有先天知识的存在。但这个先天知识既不是来自天国理念（柏拉图），又不是上帝赋予人类的天赋观念（笛卡尔），而是人类数百万年进化过程中刻写在基因里的知识积淀（乔姆斯基）。它具有人类本能的性质，它不是一个完整的知识系统，它是一个参数待定的知识系统，这一点也和柏拉图的理念及笛卡尔的"天赋观念"不同，但与莱布尼茨的大理石纹路学说接近。

本书的工作思路是：述评认识论的种种分歧，为本书论证的展开提供哲学背景（第二部分）；阐释语法、语法学的概念及语法学如何可能的原理，为阐述儿童语言习得数据的哲学意义做铺垫（第三部分）；集中呈现儿童语言习得（口语习得和手势语习得）的各种数据，但不做分析（第四部分）；逐项分析儿童语言习得的各种数据的哲学意义，证明普遍语法的存在，从而为理性主义认识论提供证据（第五部分）；利用医学、心理学的研究成果阐释转换-生成语法的生理基础，为普遍语法的存在增添证据（第六部分）。

以上思路可以简化为：由儿童语言习得的神奇性推出普遍

语法存在，由普遍语法存在得出先天知识存在，用先天知识存在批判"白板"说并证明理性主义认识论的正确性。

本书第三部分用康德"知性为自然立法"的观点解释语法判断（语法判断：对象必须符合感觉——语感），认为语法学家事实上都是不自觉的康德主义者，这是还不曾见诸文献的观点，是本书的第一个创新。第四部分从哲学视角将散见于各种文献的零散数据集中呈现，应该对很多领域的研究都有价值。对儿童语言习得的各种数据的哲学意义，有的被阐释过，有的还没有，本书第五部分对它们的阐释与已有文献相比，是比较集中、比较充分的，这是本书的第二个创新。该部分在分析儿童语言习得的创造性时，提出一群健全的孩子在生存环境中语言被屏蔽掉的情况下会创造出一种前所未有的语言这一大胆的假设。这个假设的基础是牢固的，因为尼加拉瓜听障儿童和创造克里奥尔语的孩子们已经做到了。只是这种假设此前还没有人提出过，所以也是本书的一个创新。在此基础上，本书进一步提出外部刺激是习得母语语法的必要条件，而不是获得语法的必要条件，这是本书的第四个创新。

本书使用的很多案例是国内文献里见不到的，笔者在收集这些案例的时候十分注意文献的权威性和作者的可靠性——它们都来自权威文献和著名的学者——相信这些资料会给国内多个相关领域的研究者带来方便。

本书第五部分最后一小节（来自克里奥尔语的证据）属于"数据＋分析"结构，数据部分应该放到第四部分呈现，因为那一部分的任务就是呈现数据，而第五部分是纯粹的数据分析，这样才能逻辑层次清晰。目前的状态是把一部分数据放在分析部分，层次就不够清晰了。但考虑到第四部分数据太多，而集中呈现太多的数据就削弱了单个数据的关注度，削弱了数据的作用。考虑到这一点，也考虑到克里奥尔语数据与其他儿童语言习得数据相比有一定的独立性，就放在第五部分了。

本书的主要论据来自转换-生成语法，但本书只是介绍了转换-生成语法的核心观点 —— 以"原则＋参数"为内涵的普遍语法先天地存在于人脑中，并没有介绍转换-生成语法学者迄今为止已经发现了哪些原则和参数，也没有介绍该学派以什么方法论为指导、以何种思路去探索那些作为他们工作目标的先天知识，这会令有兴趣深入了解转换-生成语法的读者感到失望，但我们也只能这样做。原因如下：

a. 转换-生成语法的具体内容不是几句话能说清楚的，即便只介绍它的"管约论"部分就需要巨大的篇幅；而本书讨论的是认识论问题，是一本语言哲学作品；大篇幅地阐述语法有喧宾夺主之嫌。

b. 转换-生成语法又叫形式语法（formal grammar），因为普遍语法既然是遗传的，那它只能是纯形式的。乔姆斯基是一个精通数学和逻辑学的学者，他给出的规则都是形式化的。比如能够描写一切语言内部结构的通用规则——"X-bar 规则"是这样的：

$$XP \rightarrow Spec \quad X'$$

$$X' \rightarrow \text{Adjunct } X'$$

$$X' \rightarrow X \quad \text{Comp}$$

虽然这种描写简洁、精确，但是解释和接受却颇费功夫。如乔姆斯基的同事 Pinker 所说的，乔姆斯基的学说很有魅力，但真正读过他的书的人却不多；它的形式描写带来的理解难度会让人产生枯燥感，即便我们颇费一些篇幅加以介绍，也不一定有读者会耐心地读下去。

参 考 文 献

[1] 柏拉图. 理想国 [M]. 郭斌和，张竹明，译. 北京：商务印书馆，2011.

[2] 蔡曙山. 没有乔姆斯基，世界将会怎样？[J]. 社会科学论坛，2006（6）.

[3] 高明乐. 从《笛卡尔语言学》看乔姆斯基的理论追求 [J]. 内蒙古社会科学（汉文版），2002（2）.

[4] 贺川生. 乔姆斯基语言天赋思想的皮尔士哲学根源：溯因逻辑 [J]. 当代语言学，2004（2）.

[5] 黄伯荣，廖序东. 现代汉语：下册 [M]. 北京：高等教育出版社，2002.

[6] 黑格尔. 哲学史讲演录：第四卷 [M]. 贺麟，王太庆，等，译. 北京：商务印书馆，2014.

[7] 康德. 未来形而上学导论 [M]. 李秋零，译. 北京：中国人民大学出版社，2013.

[8] 康德. 逻辑学讲义 [M]. 许景行，译. 北京：商务印书馆，2012.

[9] 莱布尼茨. 人类理智新论 [M]. 陈修斋，译. 北京：商务印书馆，1982.

［10］李大强. 寻找同一条河流——同一性问题的三个层次
［J］. 社会科学辑刊，2010（2）.

［11］李大强. 对象、可能世界与必然性——《逻辑哲学论》
的本体论分析［J］. 吉林大学社会科学学报，2007（6）.

［12］李大强. 分析悖论的分析［J］. 哲学研究，2006（6）.

［13］李大强. 知道者悖论与"知道"的语义分析［J］. 自然
辩证法通讯，2002（5）.

［14］李大强. 上帝与勺子——《逻辑哲学论》中的指称关
系［J］. 社会科学战线，2011（5）.

［15］刘丹青. 语法调查研究手册［M］. 上海：上海教育出
版社，2008.

［16］罗素. 西方哲学史·下卷［M］. 马元德，译. 北京：
商务印书馆，2012.

［17］洛克. 人类理解论［M］. 关文运，译. 北京：商务印
书馆，1959.

［18］吕叔湘. 现代汉语八百词［M］. 北京：商务印书
馆，1980.

［19］彭小川，李守纪，王红. 对外汉语教学语法释疑201
例［M］. 北京：商务印书馆，2004.

［20］邵敬敏. 现代汉语通论［M］. 上海：上海教育出版
社，2001.

［21］石毓智. 乔姆斯基语言学的哲学基础及其缺陷——兼
论语言能力的合成观［J］. 上海外国语大学学报，2005（3）.

［22］孙晔. 认知心理学产生的历史背景分析 ［J］. 心理学报，1986 (1).

［23］姚鹏. 笛卡尔天赋观念说的基本涵义 ［J］. 哲学研究，1985 (6).

［24］唐纳德·帕尔玛. 西方哲学导论 ［M］. 杨洋，曹洪洋，译. 上海：上海社会科学院出版社，2009.

［25］梯利. 西方哲学史 ［M］. 葛力，译. 北京：商务印书馆，2013.

［26］北京大学哲学系外国哲学史教研室. 西方哲学原著选读·上卷 ［M］. 北京：商务印书馆，2011.

［27］吴道平. 探索语言背后的心灵世界——乔姆斯基和他的语言理论 ［J］. 读书，1995 (5).

［28］吴道平. 自然？使然？——皮亚杰与乔姆斯基的一场辩论 ［J］. 读书，1995 (12).

［29］休谟. 人性论 ［M］. 关文运，译. 北京：商务印书馆，1980.

［30］休谟. 人类理智研究 ［M］. 关文运，译. 北京：商务印书馆，1980.

［31］AITCHISON J. The articulate mammal：an introduction to psycholinguistics ［M］. 5th ed. London：Routledge，2008.

［32］BARBARA C. Children language：acquisition and growth ［M］. New York：Cambridge University Press，2006.

[33] BICKERTON D. Roots of language [M]. Berlin: Language Science Press, 1981.

[34] BICKERTON D. The language bioprogram hypothesis [J]. Behavioral and Brain Sciences, 1984 (7).

[35] BOWER B. Language without rules [J]. Science News, 1994 (22).

[36] BOWER B. Family's grammar loss provokes debate [J]. Science News, 1995 (5).

[37] BRAINE M D S. The acquisition of language in infant and child [M]. The learning of language. New York: Appleton-Century-Crofts, 1971.

[38] BROWN R. The child's grammar from I to III [M] // Minnesota symposium on child psychology. Minneapolis, MN: University of Minnesota Press, 1969.

[39] BROWN R. A first language: the early stages [M]. London: George Allen & Unwin, 1973.

[40] BRUCE D. Lashley and the problem of serial order [J]. American Psychologist, 1994 (49).

[41] CAZDEN C. Child language and education [M]. New York: Holt, Rinehart & Winston, 1972.

[42] CHOMSKY N. A review of B F Skinner's verbal behaviour [J]. Language, 1959 (35).

[43] CHOMSKY N. Cartesian linguistic: a chapter in the

history of rationalist thought [M]. 3rd ed. 上海：上海教育出版社，2012.

[44] CHOMSKY N. Aspects of the theory of syntax [M]. Cambridge：Mass. M. I. T. Press，1959.

[45] CHOMSKY N. Language and mind [M]. New York：Harcourt Brace Jovanovich，1972.

[46] CHOMSKY N. Rules and representations [M]. New York：Columbia University Press，1975.

[47] CHOMSKY N. Knowledge of language：its nature，origin and use [M]. New York：Praeger，1986.

[48] CHOMSKY N. Language and thought [M]. London：Moyer Bell，1993.

[49] CURTISS S. The linguistic development of genie [J]. Language，1974 (10).

[50] CLARK E V. The young word maker：a case study of innovation in the child's lexicon [M]. New York：Cambridge University Press，1982.

[51] GESCHWIND N. The organization of language and the brain [J]. Science，1970 (170).

[52] GOODGLASS H，Geschwind N. Language disorders：aphasia [M]. // Handbook of Perception. New York：Academic Press，1976.

[53] KEGL J，Senghas A，Coppola M. Creation through

contact: sign language emergence and sign language change in Nicaragua [M] // Language creation and language change: creolization, diachrony, and development. Cambridge, MA: MIT Press, 1999.

[54] KRASHEN S. Principles and practice in second language acquisition [M]. New York: Pergamon, 1982.

[55] RAY J. Patterns in the mind: language and human nature [M]. New York: Harvester Wheatsheaf, 1993.

[56] LASHLEY K. The problem of serial order in behavior [M]. // The europsychology of Lashley. Selected Papers of K. S. Lashley. New York: McGrawHill, 1951.

[57] LENNEBERG E H. Biological foundations of language [M]. New York: Wiley, 1967.

[58] LILLO-MARTIN D. Modality effects and modularity in language acquisition: the acquisition of American sign language [M] // Handbook of child language acquisition. San Diego, CA: Academic Press, 1999.

[59] LUST B. Children language acquisition and growth [M]. New York: Cambridge University Press, 2006.

[60] MARLER P. Sensitive periods and the roles of specific and general sensory stimulation in birdsong learning [M] // Imprinting and Cortical Plasticity. New York: Wiley, 1987.

[61] MCNEILL D. The acquisition of language: the study

of developmental psycho-linguistics ［M］. New York：Harper and Row，1970.

［62］MEIER R P. Language acquisition by deaf children ［J］. American Scientist，1991 (1).

［63］NELSON K. Structure and strategy in learning to talk ［J］. Monograph of the Society for Research in Child Development，1973 (38).

［64］帕尔玛. 西方哲学导论：重心保持不变吗？ ［M］. 杨洋，曹洪洋，译 ［M］. 上海：上海社会科学院出版社，2009.

［65］PINKER S. The language instinct ［M］. New York：W. Morrow and Co，1994.

［66］QUIRK R. A comprehensive grammar of the English language ［M］. London and New York：Longman，1989.

［67］ROBERT L. Acquisition and learning in early reading ［J］. Hispania，1977 (60).

［68］SENGHAS A. Children creating core properties of language：evidence from an emerging sign language in Nicaragua ［J］. Science，2004 (305).

［69］SIEGEL J. Substrate influence in Hawaii Creole English ［J］. Language in Society，2000 (29).

［70］史密斯，威尔逊. 现代语言学：乔姆斯基革命的结果 ［M］. 李古城，等，译 ［M］. 北京：外语教学与研究出版社，1983.

[71] SULEK A. The experiment of psammetichus：fact，fiction，and model to follow [J]. Journal of the History of Ideas，1989 (4).

[72] 特拉斯克. 语言 [M]. 于东兴，译. 南京：南京大学出版社，2014.

[73] ZURIF E B. A neuropsychological perspective：the effects of focal brain damage on the processing of syntactic elements may provide an important clue to the manner in which language is organized in the brain [J]. American Scientist，1980 (68).